OPPRESSION

ET ABUS DE POUVOIR

EXERCÉS par M.r CHAPTAL, Professeur honoraire à l'École de Médecine de Montpellier, etc. etc., envers M.r DRAPARNAUD, Professeur, etc. et envers la famille SENEAUX, etc.

Exposition des faits et plaintes humblement adressées à ce sujet à Sa Majesté l'Empereur des Français et Roi d'Italie.

PAR M.r J. SENEAUX Père, Professeur en Médecine, ancien Professeur à l'École de Médecine de Montpellier, etc. etc.

La persécution enhardit la faiblesse.

VOLTAIRE.

An 1808.

AVANT-PROPOS.

Un ancien Professeur à l'École de Médecine de Montpellier, a été obligé, par honneur et par devoir, de développer les divers genres d'oppression, qui ont été exercés contre son gendre, contre son fils, contre sa fille et contre lui-même. Ici *tout est appuyé de pièces justificatives*. Il y en a un assez grand nombre, et plusieurs sont certainement très-curieuses.

Le système de persécution dirigé contre une famille entière, est le résultat manifeste d'un abus de pouvoir exercé par un homme de la Révolution, tiré de ses manufactures, pour le porter à une place où l'on avait besoin de tout autre genre de talent. Qui le croirait ? Cet homme devint Ministre !....

Ceux qui le connaissaient véritablement plaignirent les arts, les sciences, les lettres, et surtout ceux qui les professaient. Tout ce qui fut fait alors par lui pour améliorer ou pour régénérer l'instruction publique, ne tendit qu'à la détériorer ; et elle eût été perdue, si des hommes beaucoup plus éclairés n'eussent ensuite adopté une marche entièrement opposée.

Celui, dont il est ici question, est M. *Chaptal*; la famille opprimée, dont il s'agit, est celle de M. Seneaux, Professeur à l'École de Médecine de Montpellier depuis près de vingt-deux ans; son gendre était *Draparnaud*, connu parmi les savans, par d'excellens ouvrages sur les sciences naturelles, et Professeur à l'École Centrale de l'Hérault, désigné par M. *Chaptal*, lui-même, pour être son adjoint dans la chaire de Professeur de Chimie que ce dernier exerçait.

Ce fut ce jeune savant que M. *Chaptal* persécuta peu de tems après, en le privant de plusieurs places qu'il remplissait avec la plus grande distinction, et qu'il donna à ses propres parens, en affligeant son ame délicate et sensible, au point que *Draparnaud* en mourut de chagrin.

Sa veuve, jeune elle-même, inconsolable de cette perte, crut qu'elle devait aux mânes de son infortuné mari, de dévoiler tant d'horreur, et de faire connaître la main qui l'avait précipité dans la tombe. Ce mémoire fit une grande sensation parmi les ames vertueuses. On a dû, pour remettre le lecteur sur la voie des faits, joindre ce mémoire aux pièces justificatives. On y verra les abus de pouvoir de ce Ministre, qui se croyant inamovible dans une place si honorable pour lui, fermait toutes les avenues qui pouvaient donner accès à la vérité, persécutait ses victimes avec l'arme de l'autorité, et menaçait la famille *Seneaux*, qui pleurait amèrement la perte du gendre le plus estimable.

Tout à coup l'autorité échappe des mains de M. *Chaptal*; les lettres, les sciences, les beaux-arts se félicitent : l'instruction publique prend sur le champ un nouvel essor.

La seconde victime que l'ex-Ministre avait immolé à sa haine, lorsqu'il avait l'autorité en main, fut le fils aîné de de M. *Seneaux*, exerçant avec honneur et distinction une place à l'École de Médecine : M. *Chaptal* l'avait destitué.

M. *Seneaux* père, sollicitant à Paris justice pour son fils, fut prévenu que M. *Chaptal* méditait d'employer l'influence qu'il avait pu conserver dans quelques-uns de ses anciens bureaux, où il avait placé quelques hommes qui lui étaient dévoués, pour tirer sourdement vengeance du courage et de la force d'esprit d'un père de famille irréprochable, qui n'avait pas la bassesse, ni la pusillanimité de craindre un homme qui avait répandu le deuil et la désolation dans sa famille.

Mais comment s'y prendre pour nuire efficacement à celui qui, toujours jaloux de remplir les devoirs de sa place, était défendu par ses anciens services, par l'austérité de sa conduite, par une masse d'Élèves qui accouraient à ses leçons, en un mot par l'opinion publique ?

Il fallut donc mettre en usage un de ces moyens malheureusement plus d'une fois usité, où sous le prétexte d'une réforme utile à l'enseignement et avantageuse aux finances de l'État, on demande insidieusement des suppressions de place, qui, si elles étaient véritablement nécessaires, ne devraient *atteindre en justice que les derniers venus et ceux qui n'ont jamais su remplir leur devoir*; tandis que, lorsqu'on veut exercer quelques vengeances, on ne fait point mention de l'homme, parce que son nom et ses travaux lui serviraient de sauvegarde, et l'on présente à l'Autorité suprême un projet de Décret, voilé du vernis apparent d'une amélioration utile. M. *Chaptal* n'était plus Ministre; mais s'étant trop mêlé, lorsqu'il l'était, de l'École de Médecine de Montpellier, où il n'avait cessé de faire des innovations désastreuses, où il régnait en vrai despote, où il plaçait des parens, des gens médiocres, au préjudice des hommes de mérite; où il s'était conservé une place d'honoraire *avec traitement et casuel*, et où il n'avait pas craint, tant sa hardiesse était extrême, de placer un de ses valets en qualité d'aide-chimiste, et où il est encore à présent: comme si M. *Chaptal* avait voulu déverser du ridicule sur une science honorable, qui avait fait toute sa gloire. M. *Chaptal*, disons-nous, avait fait des exceptions pour l'École de Montpellier, aux lois qui concernent l'organisation des Écoles de Médecine de *Paris*, *Strasbourg*, *Turin*, etc, et où il y a au moins une Chaire d'Accouchemens, Maladies des femmes et d'Éducation physique des enfans. Cet ex-Ministre n'en voulait point à l'École de Montpellier, parce que M. *Seneaux* était en possession de la remplir depuis bien long-tems; et il fallait l'éloigner de là, comme il avait fait de son fils, comme il l'avait fait de son gendre. Mais il ne fallait pas le nommer dans le projet de Décret. M. *Chaptal* était instruit qu'un des fils de M. *Seneaux*, Capitaine des Voltigeurs au 18.e Régiment d'infanterie légère, avait présenté à S. M. l'Empereur et Roi, d'une main couverte d'honorables blessures, un placet à l'insu de son père, dans lequel sa tendresse filiale exposait les craintes naturelles, que lui inspirait le caractère haineux et vindicatif de l'ex-Ministre, et l'influence qu'il avait pu conserver. M. *Chaptal*, qui ne cesse de suivre et d'épier les démarches de cette famille, n'ignorait pas que l'Empereur avait daigné répondre à ce militaire estimable. Il fallait donc, pour éluder la protection que S. M. l'Empereur avait daigné accorder à une famille cruellement persécutée, ne pas prononcer un nom qui aurait rappelé des souvenirs, à celui qui, gouvernant par lui-même, sait tout et n'oublie rien. Il fallut même que le successeur de M. *Chaptal*, Ministre estimable, homme bien né et incapable de seconder les haines de son prédécesseur, présentât le projet de Décret pour l'École de Médecine de Montpellier, comme un travail dont les élémens préparatoires étaient anciens ; et M. *Chaptal* qui tenait le fil de cette trame odieuse, eut l'adresse de faire intervenir les Professeurs d'un Comité secret et clandestin de cette École, nommés par lui, dont quelques-uns étaient ses parens, qui, loin de s'opposer à une innovation contraire à l'organisation des autres Écoles, semblèrent la désirer: la crainte de déplaire à M. *Chaptal* et de perdre tôt ou tard leur place, s'était emparée d'eux; et, dans ce moment, un de ceux qui par faiblesse donna son adhésion à un acte qui éloignait un des plus anciens Professeurs d'une des places les plus utiles, vient de porter une des plaintes les plus graves contre M. *Chaptal*, plainte qui peut donner lieu à une accusation criminelle contre lui.

Ainsi l'on voit s'élever de toute part, des clameurs contre cet ex-Ministre, qui n'a pas même eu l'art de ménager, tant ses passions l'aveuglent, les instrumens passifs qu'il avait employés pour satisfaire ses ressentimens.

En faisant perdre à M. *Seneaux* une place, à laquelle il se faisait un grand honneur de tenir, M. de *Champagny*, dont l'ame est pure et les sentimens équitables, crut qu'un ancien Professeur ne pouvait être expulsé d'une manière aussi affligeante, et il proposa pour M. *Seneaux*, en indemnité, la création d'une place à l'hospice de la maternité à Montpellier, aux appointemens fixes de six mille francs; et afin qu'en rendant justice au père, on donnât également satisfaction au fils, que M. *Chaptal* avait lui-même destitué, on lui *donna, le même jour*, la place de Médecin-Inspecteur des eaux de Balaruc. Tels sont les faits appuyés de preuves.

Si M. *Seneaux* n'était pas aussi sensible à l'honneur qu'il doit l'être, il pourrait se taire; mais un homme jaloux de laisser une réputation intacte sur ses connaissances, après quarante ans de veilles et de travaux, après vingt-deux ans de Professorat, doit être pénétré de douleur de s'être vu séparé de ses anciens Confrères, avec lesquels il a partagé pendant si long-tems les devoirs honorables de l'enseignement dans l'art de guérir. Il ne conserve aucune haine contre ceux qui, arrivés très-long-tems après lui, par les faveurs ou par la parenté de M. *Chaptal*, à des places que d'autres devaient obtenir avant eux, ont servi par faiblesse ou par intérêt ses vengeances.

Mais tant que circulera dans ses veines une goutte de sang pur, il demandera, il réclamera son ancienne place; il n'a cessé de le faire auprès du Ministre actuel. Les pièces ci-jointes en sont le garant ; et c'est parce qu'on ne peut revenir d'un Décret réglementaire que par un autre Décret (1), que le Professeur *Seneaux* a recours à l'Autorité suprême, expose humblement ses doléances à celui qui ne permet point les injustices, ni les actes arbitraires; à celui qui, sensible aux appréhensions qu'éprouvait un fils pour la place de son père, daigna lui répondre avec la grandeur imposante de *Cesar* et l'ame bienfaisante et sensible d'*Auguste* : « *que votre père* » *soit tranquille dans sa place ...... M.* » *Chaptal n'est plus Ministre* ».

---

(1) A moins que l'art. 12 du Décret impérial du 17 mars 1808, qui veut que les Facultés de Médecine continuent à être organisées comme elles l'étaient par la Loi du 19 ventôse an 11, ne soit interprété en sa faveur.

REQUETE

A SA MAJESTÉ

L'EMPEREUR ET ROI.

SIRE,

Le 11 *septembre* 1806, *dans une revue à la plaine des Sablons, mon fils, Capitaine des Voltigeurs au dix-huitième Régiment d'infanterie légère, blessé à la bataille de Maringo, eut l'honneur de demander la permission à* VOTRE MAJESTÉ *de lui présenter un mémoire, dans lequel il témoignait ses craintes sur la haine que M.* Chaptal *avait voué à notre famille. On lui avait dit que cet ex-Ministre conservait encore assez d'influence dans quelques-uns de ses anciens bureaux, pour surprendre de son successeur quelque projet d'Arrêté qui me fît perdre la place de Professeur que j'exerçais depuis plus de vingt ans à l'École de Médecine de Montpellier; car il cherchait à introduire des changemens dans cette École, où il avait exercé lui-même la place de Chimiste.*

Vous eûtes la généreuse bonté, Sire, *d'adresser à un fils jaloux d'honorer la mémoire de son père, les paroles suivantes:* » dites à votre père qu'il soit tranquille » dans sa place ..... M. *Chaptal* n'est plus » Ministre ».

Ces paroles consolantes mirent le calme dans nos cœurs. Je crus M. Chaptal *sans influence, et je redoublai de zèle dans mes fonctions.*

Ma bonne foi me trompait; cet homme irascible par caractère, haineux par tempérament, ne perdit jamais de vue l'espoir de me nuire, et d'y parvenir par l'intermède de quelques hommes qu'il avait placés dans ses anciens bureaux, et qui devaient présenter quelques projets pour moi seul, où, sous prétexte de réforme, on parviendrait à m'exiler de l'École: et c'est ce qui est arrivé.

On évita, sans doute, de prononcer mon nom dans le projet du Décret, parce qu'on craignait que Votre Majesté, *qui n'oublie rien, se rappelât les bontés et la protection dont elle avait bien voulu m'honorer.*

Sire, *souffrez que je rappelle à votre souvenir, que M.* Chaptal, *avant d'obtenir mon exil de l'École de Médecine de Montpellier, dont* j'étais l'un des trois plus anciens Professeurs, *en avait déjà exclu mon fils aîné, qui y remplissait les fonctions de Prosecteur, et feu mon gendre le Professeur* Draparnaud, *sans autres causes, ni motifs que la haine qu'il a jurée à moi et à tout ce qui m'est cher.*

Cette conduite cachée de M. Chaptal *est d'autant plus répréhensible, que cherchant à se venger et me choisissant pour victime de son humeur malfaisante, elle a frappé un homme d'une conduite irréprochable, un père de famille entièrement dévoué à votre personne sacrée*, et qui compte dix-neuf de ses Membres, *dont la plupart vous servent*, Sire, *avec ardeur et sont couverts d'honorables blessures.*

Sire, *je suis forcé de demander directement justice à* Votre Majesté, *parce que je l'ai réclamée vainement, et que les pétitions que mon fils a eu l'honneur de vous présenter,* tant à la plaine des Sablons qu'à Venise, *ainsi que mes lettres, sont restées sans réponse dans les bureaux du Ministère de l'intérieur.*

J'ose donc supplier VOTRE MAJESTÉ, *d'accorder quelques instans à l'examen de mes réclamations. Si elle daigne me faire cette grace, elle reconnaîtra sans doute qu'elles sont bien fondées, puisqu'elles portent sur des faits.*

Je demande, en conséquence : 1.° *à être rétabli dans la Chaire d'*Accouchemens, Maladies des femmes et Éducation physique des enfans, *que je remplissais à l'École de Médecine de Montpellier,* dont on l'a extraite *pour me nuire ;*

2.° *Que mon fils aîné soit également rendu à ses fonctions de Prosecteur dans la même École, qu'il exerçait auparavant ;*

3.° *Que toute ma famille soit mise sous votre auguste protection.*

Je suis de Votre Majesté
avec le plus profond respect,

SIRE,

Le très-humble, très-obéissant
et très-fidèle sujet.

J. SENEAUX, Prof.r

OPPRESSION

ET ABUS DE POUVOIR

Exercés par M.r Chaptal, *Professeur honoraire de l'Ecole de Médecine de Montpellier, envers M.r* Draparnaud, *Professeur, et envers la famille* Seneaux.

Un homme, mon égal et mon collègue, est parvenu à des dignités. J'avais des droits à son estime, à son attachement : j'ose même dire à sa reconnaissance. Mon fils et moi, nous n'avions cessé d'être ses amis, avant qu'il fût sorti de la classe de simple Citoyen ; nous n'avions cessé de le défendre, quand l'opinion publique l'avait attaqué ; nous n'avions cessé de l'excuser, quand ses principes, ses systèmes et la conduite qu'il avait tenue dans le cours de la Révolution, l'avaient exposé à la plus amère des censures; lorsque, tourmenté de l'ambition de monter au rang de Législateur, il avait vivement sollicité et fait solliciter les suffrages des Assemblées Électorales de son Département: il a des preuves de l'intérêt que nous portâmes, mon fils et moi, à l'obliger dans cette circonstance. Un de ses parens, Major de la Garde nationale, et un Professeur en Médecine qui visait aussi à la Législature, le peignirent au Corps Électoral avec des couleurs si noires, que ce ne fut pas notre faute, si la très-grande majorité le rejeta.

Comment se fait-il qu'arrivé au faîte des honneurs, les sentimens qu'il se faisait gloire de nous porter, se soient changés en une haine profonde et implacable ? Pourquoi, investi d'un grand pouvoir, en a-t-il abusé pour opprimer mon fils aîné, pour persécuter mon gendre, pour étouffer la voix plaintive et douloureuse de ma fille, pour me faire ravir, en un mot, la récompense de mes longs travaux, le prix d'une vie entièrement consacrée au soulagement de l'humanité souffrante et à l'enseignement de la science médicale?

Ma fille a dévoilé dans un mémoire particulier, sous le titre de Notice, etc. une partie des injustices du persécuteur de son mari (1).

J'exposerai le plan d'oppression qu'il a exécuté contre moi et contre tout ce qui m'appartient, et je dirai avec quel art perfide il a ourdi la trame de ses vengeances.

Je suis père, et l'on m'a tyrannisé dans la personne de mes enfans. L'on a fait de grands efforts pour m'enlever mon état. On a mis tout en œuvre pour me ravir jusqu'au droit de me plaindre.

J'ai ce droit. C'est celui de l'homme opprimé : M. *Chaptal*, lui-même, à l'époque où il endoctrinait ses frères et amis, ne leur avait-il pas demandé dans son *Catéchisme, imprimé à Montpellier en l'an* 1790, *page* 22 : « quels sont les engagemens de la » société vis-à-vis de l'homme? » Et balança-t-il à leur répondre : « *ceux de le protéger* » *contre ses ennemis, de le défendre contre* » *l'oppression* ».

Peut-il désapprouver à présent ce qu'il érigeait en maxime alors ?

---

(1) Voyez les pièces justificatives et probantes, le N.o 1.

CHAPITRE I.er

Draparnaud, mon gendre, persécuté par M. Chaptal.

M. *Chaptal* cessa d'être mon ami, aussitôt que l'infortuné *Draparnaud* fut devenu mon gendre. Il avait conçu contre ce jeune savant une haine cruelle, qu'il n'a dissimulée dans quelques circonstances, que pour mieux préparer les coups qu'il avait sans doute juré de lui porter. On pouvait espérer que le Ministre élèverait son cœur au-dessus des basses passions qui l'avaient tourmenté pendant qu'il n'était que Professeur de Chimie; mais il est rare que les grandeurs améliorent le caractère moral de l'homme qui parvient à les posséder, lorsque le fond est constitutionnellement mauvais.

L'origine de l'inimitié de M. *Chaptal* contre *Draparnaud*, est connue. Ma fille en a tracé l'histoire dans la notice que sa douleur a consacrée à la mémoire de son vertueux époux (1); mais je dois rappeler

(1) Voyez les pièces justificatives et probantes, le N.° 1 déjà cité.

ici quelques circonstances, qui prouvent combien M. *Chaptal* redoutait qu'on mît au grand jour des faits, qu'il croyait que l'ascendant de son pouvoir déroberait à l'opinion publique.

Ma fille savait trop ce qu'elle devait à un mari adoré, et M. *Chaptal* savait trop peu quels sont le courage et la résignation d'une femme estimable et sensible, qui avait juré de faire connaître celui qui avait semé la douleur et la mort dans le cœur de l'intéressant *Draparnaud*.

Si des jalousies, si des rivalités d'état et de science qui caractérisent toujours la médiocrité et la faiblesse de talent dans celui qui s'en offense, avaient répandu le fiel de la haine dans un cœur naturellement enclin à la domination et haineux par caractère; M. *Chaptal* devait au moins considérer que *Draparnaud* était mon gendre et un sujet plein de mérite; il ne devait pas oublier à mon égard, le zèle avec lequel je l'avais défendu, lui M. *Chaptal*, contre tant d'hommes qui le repoussaient de toute part dans des tems difficiles et orageux.

Ne se rappelait-il donc plus, l'ingrat, que lorsqu'on l'accusait publiquement d'avoir rampé aux pieds des Grands de la Province de Languedoc dans l'ancien régime, contre lequel il déclamait tant alors, je cherchais à atténuer les inculpations qui lui étaient faites.

On disait de lui : dans une lettre écrite de Nîmes, le (1) juin 1791, « il a fait l'apo» logie de l'horrible massacre qui a inondé » cette Ville de sang et qui l'a couverte de » deuil ; » et j'avais le courage de répondre : cette lettre fut écrite dans un moment, où d'épais nuages couvraient les causes et les détails de ce déplorable événement, et ne permettaient pas encore de prononcer entre les deux partis. Il eût mieux fait, sans doute, de ne pas précipiter son jugement ; mais quel est l'homme exempt d'erreur ?

On disait de lui : il a parcouru beaucoup de Clubs ; il a été électriser les Marseillais, qui n'avaient certainement pas besoin d'être excités ; il a répandu partout ces principes

---

(1) *Mercredi* 16. Mes amis, je dois à votre patriotisme, etc... en arrivant à Nîmes nous trouvâmes un très-grand nombre de *cadavres des scélérats étendus sur la poussière*.... Jeudi 17. Nous avons protégé la fouille des maisons où l'on soupçonnait quelques scélérats. Nous en prîmes cinq. . Le drapeau rouge est déployé... Les portes et les fenêtres sont fermées, et on tire sur ceux qui se montrent aux façades des maisons. On ne craint plus les brigands... On a permis le pillage sur quelques maisons.... Le Clergé était le principal fauteur de ces apprêts d'une nouvelle St. Barthélemi... Presque tout le Clergé a pris la fuite. Pour vous donner une idée de cette horde de brigands, je vous dirai que le premier signal était de se porter sur le Club et à la Maison Electorale pour les assassiner, et on avait commencé à miner pour les faire sauter. Ces détails sont exacts, malheureusement pour le dix-huitième siècle.... Mes amis, etc.

démocratiques, éversifs de tout ordre social; ces maximes révolutionnaires, qui précipitèrent la France dans la plus affreuse anarchie; et j'avais le courage de répondre que M. *Chaptal* se laissait entraîner, peut-être, par la crainte et par la terreur.

On disait de lui : il a sapé les fondemens des opinions religieuses, après avoir joué lui-même l'homme dévot, tant qu'il crut que les Prêtres pouvaient lui être utiles (1); Il est sans principes, il n'a que l'ambition de dominer, de s'enrichir : ne le voyez-vous pas tourner à tous les vents? Être tour à tour de tous les partis? Et se trouver toujours du côté de celui qui est le plus fort? Il a professé le matérialisme, il a impudemment proclamé l'athéisme !...... (2) Et j'avais

---

(1) Voyez l'adresse de M. *Chaptal* à ses Concitoyens, imprimée à Montpellier le 28 septembre 1790.

(2) Les ennemis de M. *Chaptal*, qui l'accusaient de matérialisme, se fondaient surtout sur le passage suivant du Discours qu'il prononça à l'École de Médecine le 1.er brumaire de l'an 5, et qui a été imprimé et beaucoup répandu.

» *L'Anatomie et la Physiologie doivent donc être la*
» *base de l'éducation de l'homme*; *et si telle eût été la*
» *marche de l'éducation dans les siècles qui nous ont*
» *précédé*, *nous n'eussions jamais vu des imaginations*

le courage de répondre : on a mal saisi le sens de ses discours ; quelques expressions

---

» *déréglées* (*), créer des mondes imaginaires, et substituer des phantômes à des réalités .... Nous n'aurions pas à gémir aujourd'hui sur les maux que la superstition a causés à l'espèce humaine ; et le genre humain, oppressé sous vingt siècles de fanatisme, aurait déjà couronné le faîte de l'édifice des sciences, si l'étude expérimentale de l'homme avait pris la place de son étude métaphysique. Contemplez l'homme dans son enfance, vous le verrez entouré d'erreurs, nourri de préjugés, dégoûté des études exactes, et continuellement rappelé d'un monde qui le presse de tous côtés vers un monde chimérique ; et lorsque la raison parvient enfin à rompre ces premières entraves, que de peines, que d'efforts pour laver son ame de ces taches de superstition, dont on l'avait souillée !..... La similitude de notre construction physique avec le plus grand nombre des êtres de la nature, nous marque assez notre place et nous apprend ce que nous devons penser de ces prérogatives que le délire d'un orgueil ignorant a données à l'espèce humaine. On n'a jamais vu les Médecins consacrer dans leurs écrits les maximes de ces imaginations à la fois délirantes et tyranniques. Ils ont eu la sagesse de se taire, ou le courage de dé-

---

(*) Ce raisonnement pourrait être assimilé à ceux des Maîtres de Danse, de Musique et des Armes, du *Bourgeois-Gentilhomme* de *Molière.*

hardies, quelques pensées abstraites, isolées, ne peuvent suffire pour prouver cette grave accusation.

J'étais son apologiste, et je l'étais de bonne foi; mais je ne me bornai pas à le défendre dans les sociétés, contre les traits auxquels il était en butte. Fallait-il faire des démarches, se livrer à des sollicitations pour lui rendre quelque service, soit à lui-même, soit à quelqu'un de ses parens ou de ses amis; il me trouvait toujours empressé de seconder ses vues? Il désira pour M. *Fabre*, beau-frère de son associé dans la fabrication de l'acide vitriolique, la place de Chef des préparations anatomiques, et je contribuai de tous mes moyens à la lui faire accorder. Il désira pour son parent *Victor Broussonet, alors réquisitionnaire*, la place de Professeur adjoint à la Chaire de Médecine opérante, et je concourus efficacement à la lui faire obtenir ..... Dans les années 1797 et 1798, il était tourmenté de l'ambi-

---

» voiler des vérités qui, en faisant connaître à l'homme
» l'homme lui-même, le dégageaient du terrorisme des
» Prêtres. Aussi a-t-on fait de tout tems aux Médecins
» un reproche qui les honore.

tion d'être élu Membre du Corps Législatif, et nous sollicitâmes, mon fils et moi, en sa faveur, tous les Électeurs de notre connaissance, mais infructueusement : on avait de lui l'opinion qu'il n'était pas digne de représenter le Peuple. La Chimie est tout ce qu'il sait, disait-on ! Il n'eut point de suffrages; mais ce ne fut point ma faute : l'amitié la plus chaleureuse dirigea toutes mes démarches. Mes Collègues à l'École de Médecine, ne voulurent point m'aider dans cette circonstance, quoique plusieurs l'eussent promis. MM. *René* et *Dumas* surtout étaient loin de souhaiter que M. *Chaptal* s'élevât. *Que veux-tu faire*, me disaient ces deux Professeurs habiles ? « *S'il parvient* » *jamais aux fonctions de Législateur, l'É-* » *cole sera bouleversée* ». Je n'avais pas leur prévoyance, il faut en convenir ; car je faisais tout ce qui dépendait de moi, pour servir celui que je croyais mon ami.

J'ose le répéter : j'avais des droits à sa reconnaissance ; il faut donc nécessairement reconnaître que ce fut sa haine contre *Draparnaud*, qui rejaillit sur moi et sur toute ma famille, à l'instant que j'admis ce jeune savant au nombre de mes enfans les plus chéris !

Je suis d'autant plus fondé de le penser ainsi, qu'avant cette époque, M. *Chaptal* m'avait donné, dans plusieurs circonstances, des preuves non équivoques des sentimens qu'il me vouait ; et je ne dois pas taire qu'à peine devenu Ministre, *sur la présentation de l'École de Médecine*, il nomma mon fils à la place de Prosecteur; mais plus notre amitié avait été vive, plus les coups qu'il m'a ensuite portés ont été cruels.

La haine de M. *Chaptal*, contre *Draparnaud*, a donc été le premier motif de ses injustices; et bientôt se sont joints à ce ressentiment, l'ambition *de placer ses parens et ses adulateurs* dans l'École (1), le désir de se venger des plaintes que nous avons fait entendre quand l'oppression a pesé sur nous, et mieux encore, peut-être, l'orgueil

---

(1) Il ôta la place à mon fils pour la donner à un ex-Moine, qui a oublié depuis long-tems le grand commandement sur lequel la morale est basée, qui, sortant des bancs de l'École et sans expérience, était déjà venu à bout d'expulser des places de Médecin et de Chirurgien de l'Hospice de Mendicité, MM. *Mejan* et *Bourquenod*, Praticiens justement célèbres : le premier desservant *cet Hôpital depuis* 16 *ans, et le second depuis* 28 *ans.*

de prouver sa puissance et de la pousser hors de mesure, en abusant d'une autorité qui ne lui était confiée que pour faire le bien.

Mais en s'aveuglant à ce point, une fausse démarche, un acte évidemment injuste le conduisirent nécessairement vers de plus grands abus; car c'est toujours par des fautes, qu'on cherche à voiler d'autres fautes.

CHAPITRE II.

Mon fils aîné persécuté par M. Chaptal.

Je laisse à mon *fils aîné à exposer, dans un mémoire particulier, qui ne tardera pas à voir le jour, l'acte odieux d'autorité, dont M.* Chaptal *abusa envers lui,* en le destituant arbitrairement de la place qu'il exerçait avec distinction à l'École de Médecine (1).

---

(1) Certificat de l'École de Médecine de Montpellier. Liberté, Égalité. Montpellier, le 18 messidor an 10 de *la République Française une et indivisible.*

» Nous soussignés, Professeurs de l'École de Méde- » cine de Montpellier, certifions que le Citoyen » *Seneaux* s'est constamment distingué par son appli-

Je voudrais ne pas dire ici, afin de respecter les mœurs, que ce fut pour une Actrice ou une prétendue première Danseuse, sifflée au Théâtre de Montpellier, mais grandement protégée, que mon fils, sans être entendu, encourut par là la disgrace du Ministre. J'affaiblirais la gravité des plaintes que j'ai à porter dans ma propre cause, contre M. *Chaptal*, si j'entrais dans d'autres détails sur l'acte ridiculement arbitraire, qu'il commit envers mon fils, qu'il a laissé sans place pendant tout le tems de son Ministère. Je me contente de joindre ici

---

» cation à ses devoirs de scolarité, pendant tout le
» tems qu'il a été compté au nombre des Élèves de cette
» École; et qu'ayant mérité par ses talens et sa bonne
» conduite nos suffrages pour la place de Prosecteur, il
» n'a cessé d'en remplir les fonctions avec intelligence
» et avec un zèle et une assiduité dignes de nos éloges.
» En foi de quoi, nous lui avons donné le présent
» pour lui servir ainsi qu'il appartiendra. *René*, *Gouan*,
» *Baumes*, *Mejan*, *Berthe*, *Lafabrie*, *Montabré*,
» *Virenque*, *Poutingon*, *Fouquet*, *Victor Broussonet*,
» *Vigarous*, signés à l'original, auquel sont apposés
» les Armes ou Cachet de l'École de Médecine de
» Montpellier.

ses titres (1) et ses services: c'est au lecteur à apprécier si M. *Chaptal* sait ce que c'est que justice.

CHAPITRE III.

Ma fille, Madame Draparnaud, persécutée, menacée, pour la détourner de publier une notice sur la vie de son mari.

Après avoir persécuté cruellement mon gendre, et l'avoir enlevé aux sciences dont

---

(1) *Jean-François Seneaux* fils, âgé de 34 ans, époux et père, Docteur en Médecine de l'École de Montpellier, ancien Officier de santé de deuxième classe des Armées d'Italie et des Pyrénées Orientales, où il a servi jusqu'à la paix; Professeur particulier d'accouchemens; Fondateur et Membre de la Société de Médecine-pratique de Montpellier; Associé Correspondant de la Société Académique des sciences de Paris, et des Sociétés de Médecine du Gard, de Marseille, de Toulouse; ex-Secrétaire du Comité de vaccination; Auteur d'un tableau de vaccination et de ses effets comparés à ceux de la petite-vérole naturelle et de l'inoculation; d'un ouvrage intitulé principes d'arthrologie; d'un mémoire sur les constitutions des ma-

il faisait la gloire, et destitué mon fils un mois après le mariage de ma fille avec *Draparnaud;* après avoir mis à sa place un ancien Moine de ses amis, M. *Chaptal* n'était pas satisfait encore. La crainte que lui causaient des actes aussi révoltans, fit naître en lui le désir de forcer ma fille désolée à concentrer sa douleur et à la dévorer dans le silence, en employant pour y parvenir, non l'autorité qu'il avait perdue, mais des ressorts indignes de tout homme qui sait se respecter.

Il mit des émissaires en mouvement. Et quels émissaires ? Ceux de la police de Paris,

---

ladies; d'un mémoire sur les égards que l'on doit aux femmes enceintes; d'un mémoire contre le forceps, qui a reçu une mention très-honorable de la Société de Médecine de Toulouse; Traducteur de l'Italien du Dictionnaire de Physique et Chimie du Docteur *Dandolo*; d'un mémoire qui a obtenu le second prix à la Société de Médecine de Toulouse sur cette question : » déterminer quels sont les avantages et les inconvéniens » de la multiplicité des nomenclatures, relativement aux » travaux des Anatomistes, des Physiologistes et des » Nosographes ».

Médecin-Inspecteur des Eaux minérales de Balaruc, et appartenant à une famille qui compte dix-neuf Militaires, etc.

qui l'instruisirent que ma fille, agissant à visage découvert, s'était rendue avec moi dans la Capitale, pour publier un ouvrage posthume de son mari, attendu avec impatience par les savans, et que trois des plus célèbres Naturalistes, Messieurs *de Lacepede*, *Delamarck* et *Cuvier* avaient sanctionné par le rapport le plus honorable. M. *Chaptal* savait que S. M. l'Impératrice Reine avait daigné permettre que cet ouvrage lui fût dédié, et que Madame *Draparnaud* y avait placé à la tête une notice intéressante sur la vie de son mari: notice faite et signée par elle.

Il fallait empêcher que cet écrit, imprimé chez *Levrault* et *Schœll*, ne vît point le jour, malgré la liberté de la presse et la responsabilité de celui qui signe un mémoire ou un ouvrage.

Ne manquait-il pas par-là au Chef suprême de l'Empire, qui a voulu qu'on respectât cette liberté ? Ne se jouait-il pas de l'autorité d'une Commission choisie dans le sein même du Sénat, et chargée de veiller à ce droit sacré ? M. *Chaptal* eut recours à la Préfecture de police; il trompa la religion de M. le Préfet, en annonçant comme un libelle diffamatoire, ce qui n'était qu'un tableau bien faible de ses vexations : l'impression de la notice fut suspendue.

Nous eûmes le courage de nous plaindre ; nous nous rendîmes, ma fille et moi, à la Préfecture de police ; nous fîmes entendre nos justes réclamations contre un acte aussi arbitraire....... Un Chef de bureau signifie à ma fille qu'il fallait *qu'elle supprimât sa notice.* Mais pourquoi donc, Monsieur ? » Votre intérêt, Madame, l'exige ; craignez » de déplaire au Chef suprême de l'État ». Nous rappelâmes alors, au Chef de division ou de bureau, qui nous faisait cette interpellation (M. *Boucheseiche*) les principes bien opposés, qu'il avait publiés lui-même dans un ouvrage (1) ; nous réclamâmes l'exer-

(1) Voyez le Catéchisme de la déclaration des droits de l'Homme et du Citoyen, par *J. B. Boucheseiche*, etc. imprimé *in*-12 en 70 pages, et notamment page 24, où il est dit : « contre qui la loi doit-elle protéger » notre liberté. R. *Elle doit la protéger contre tous les* » *oppresseurs*, *et principalement contre l'oppression de* » *ceux qui gouvernent*, etc. et à l'article XI, « Tout » acte, exercé contre un homme hors des cas et sans » les formes que la loi détermine, est *arbitraire et ty-* » *rannique*, etc. ; « article XII. Ceux qui sollicite- » raient, expédieraient, signeraient, exécuteraient ou

cice d'un droit sacré chez une Nation libre ; nous ajoutâmes que c'était méconnaître la justice du Souverain, que de prétendre qu'il improuvera l'affliction d'une veuve qui exprime sa douleur en termes décens, mais en signalant celui qui en a été l'instrument (1).

Cependant nous appelons, des bureaux de la Préfecture de police, à M. le Préfet, à qui nous portons nos plaintes de l'opposition que l'on veut mettre à la publication d'un écrit, qui n'offre rien de contraire au respect dû au Gouvernement et aux lois conserva-

---

» feraient exécuter des actes arbitraires, *sont coupa-* » *bles et doivent être punis*, etc. Article XXXIII. » D. Qu'est-ce que la résistance à l'oppression ? R. C'est » le droit sacré qui appartient à tout Citoyen, de résis- » ter à ceux qui veulent l'opprimer, de quelque ma- » nière que ses droits soient attaqués. « Art. XXXIV, » pag. 67. D. Quand peut-on dire qu'un Citoyen est » opprimé ? R. C'est lorsqu'on refuse de lui rendre » justice, et que ses droits sont méconnus par ceux » que la loi charge de les défendre et de les protéger, » pag. 70. R. C'est qu'il est nécessaire que chaque » homme sache qu'il est obligé *de repousser l'oppres-* » *sion*, et que sa *patience et son silence seraient des* » *crimes.*

(1) Voyez les pièces justificatives et probantes, N.º 2.

trices de l'ordre social : la vérité ne put se faire jour à travers les obstacles que notre ennemi sema sur notre passage, et la défense d'imprimer fut maintenue (1). Nous demandons qu'elle nous fût communiquée par écrit, on le refusa. Mais pourquoi ce refus, si le sacrifice que l'on nous impose est commandé par la justice, et si l'acte d'autorité, dont on veut nous frapper, n'est point une violation des lois ?.......

Nous adressâmes nos réclamations au Ministre de la Police générale (2) : même refus verbal, même refus d'avoir l'ordre par écrit.

Nous eûmes, enfin, recours à l'autorité du Sénat et à la Commission de la liberté de la presse (3), qui délibéra sur notre demande. Ici les principes triomphèrent, l'exercice du droit sacré, dont on voulait nous dépouiller, nous fut assuré..... La décision du Sénat portait : « que M. *Chaptal* ne jouissant » d'aucun privilége d'inviolabilité aux yeux » de la loi, ma fille était maîtresse d'impri» mer la notice ».

---

(1) Voyez les pièces justificatives et probantes, N.° 3.

(2) Voyez les pièces justificatives, etc., N.° 4.

(3) Voyez les pièces, *idem*, N.os 5 et 6.

La notice vit enfin le jour, à la tête de l'ouvrage posthume de mon gendre. Nous en fîmes relier et armoirier deux magnifiques exemplaires, l'un pour sa Majesté l'Empereur et Roi, l'autre pour son auguste Épouse. Mais la guerre contre l'Autriche, où la France devait moissonner tant de lauriers, avait appelé le Chef suprême de l'État à la tête de ses Légions. M. *Chaptal* profita de cette circonstance pour s'agiter, pour se retourner et empêcher la publication de la notice signée par ma fille.

Un Juge de Paix et des Agens de police pénétrèrent dans notre appartement, et saisirent l'ouvrage : l'exemplaire que ma fille devait offrir à sa Majesté l'Empereur et Roi, ne fut pas respecté, malgré les caractères qui ne laissaient aucun doute sur sa destination. On nous investit, on nous traîna à la Préfecture de police. Qu'avions-nous fait cependant? Si ce n'est ce que la loi permettait, et ce que la justice ne pouvait que sanctionner. « *Vous avez transgressé*, nous dit-on, » *la défense d'imprimer la notice* ». Le Sénat, répondons-nous, nous y a autorisés. « *Le Sénat? Où en est la preuve* »? Nous la produisons : alors on nous renvoie; mais on retient tous les exemplaires saisis.....

Il est à croire que tout cela se passa à l'insu de M. le Préfet de police, et que cette violation de principes fut l'ouvrage de quelques Agens entreprenans, qui croyaient nous intimider par un acte si contraire aux lois; et ce qui le prouve, c'est qu'on ne voulut nous donner aucun écrit..... Nous demandâmes, à grands cris, à parler à M. le Préfet de police; mais les Agens de police, intéressés à ce que nos plaintes n'arrivassent à ce Magistrat, nous refusèrent.

Je reçus l'ordre de quitter Paris pour me rendre à mon poste, à l'École de Médecine de Montpellier. Je réclamai, et cet ordre fut révoqué. Nous demandâmes des Passe-Ports pour aller à Munich, où étaient leurs Majestés, et ils nous furent refusés.

La notice sur la vie, les travaux et la cause de la mort de *Draparnaud*, et son histoire naturelle des Molusques, circulèrent enfin !....

Cependant, l'ordre verbal en vertu duquel l'impression de la notice fut suspendue, la saisie qui fut faite de celle-ci dans notre appartement, notre traduction à la Préfecture de police, les injonctions qui nous furent faites, sont autant d'actes arbitraires qui ne sauraient retomber que contre M. *Chaptal*, qui les sollicita et les surprit.

La liberté de la presse est le plus sacré des droits (1) ; elle est le frein des méchans, l'égide des malheureux ; et quand il est des Tribunaux institués pour en réprimer les abus, il n'y a que les oppresseurs qui puissent en redouter les effets.

L'opposition de M. *Chaptal*, à la publication de la notice que ma fille a consacrée à la mémoire de son époux, suffit seule pour prouver qu'il fut injuste envers ce savant; et pourquoi aurait-il craint la manifestation des faits qui y sont retracés, si la vérité n'y était point consignée? Pourquoi, fort de l'équité de ses actes, n'a-t-il pas attendu avec calme que cet écrit vît le jour pour l'attaquer et le combattre? Pour démontrer qu'il est calomnieux, pour en faire prononcer la répression, par les organes impassibles de la loi?

Non-seulement M. *Chaptal* a voulu ravir à ma fille, ce que *lui-même appelait, dans son Catéchisme déjà cité, le plus précieux des droits, celui de se plaindre quand on*

---

(1) Sa Majesté l'Empereur et Roi a déclaré qu'elle était la première conquête du siècle. Décret du 22 janvier 1806.

souffre des injustices des hommes; mais encore c'est par les moyens les plus révoltans, qu'il s'est efforcé d'atteindre à ce but; il a fait déployer, aux yeux d'une jeune femme sensible et accablée de douleur, l'appareil effrayant de la police; il lui a fait enlever l'offrande qu'elle allait porter aux pieds du Trône; il l'a faite traîner, par ses agens, comme une coupable; il lui a fait intimer, comme un ordre du Souverain, ce qui n'était que sa volonté transmise par un Chef de bureau!... Eh! quelle est cette veuve éplorée qu'il a si cruellement tyrannisée? La veuve d'un savant estimable, la fille d'un concitoyen et d'un de ses collègues, qui lui donna, dans tous les tems, les preuves de la plus tendre amitié.

Le Sénat a prononcé sur les justes réclamations de ma fille; la notice a été publiée: il est donc permis de dire que l'acte arbitraire de M. *Chaptal* a été jugé et condamné. La notice a été publiée, et M. *Chaptal* a gardé le silence: il est donc permis de dire qu'il a reconnu que la vérité règne dans cet écrit.

La piété de ma fille envers l'ombre de l'infortuné *Draparnaud*, son courage à remplir ses devoirs envers sa mémoire, au milieu des persécutions et des dangers, ne peuvent que l'honorer dans le cœur des ames sensibles ! Elle lui a procuré une sorte de calme, qui naît de l'idée, que de cruelles et longues persécutions ne l'ont point empêchée de remplir le plus respectable et le plus saint des devoirs.

Mais l'auteur de tant de maux peut-il éprouver un instant de repos? Peut-il, au milieu de l'immense fortune qu'il doit à la Révolution, au milieu de tous les genres de fastes qu'il étale à la Ville, au Théâtre ou au milieu d'une immense possession, où *Choiseul* engloutit des trésors plus immenses encore, pour rivaliser avec tout ce qu'il y avait de plus grand en Europe; M. *Chaptal* peut-il dire, comme Madame veuve *Draparnaud*, je n'ai aucun reproche à me faire?

CHAPITRE IV.

Persécutions exercées contre moi, par M. Chaptal.

Pouvais-je espérer moi-même d'échapper à la haine et à la vengeance de M. *Chaptal*, après avoir défendu, avec autant de fermeté que de courage, la cause de mes enfans, victimes du pouvoir et du crédit d'un ex-Ministre? Non. Déjà j'avais été menacé de destitution, quand mon fils fut injustement dépouillé de sa place à l'Ecole de Médecine : les amis, les parens, les agens de notre persécuteur, semèrent alors le bruit que bientôt je perdrais ma Chaire. Je crus qu'on voulait m'intimider, pour m'imposer silence sur l'acte arbitraire qui venait d'atteindre mon fils : fort de l'exactitude avec laquelle j'avais rempli mes devoirs ; fort de ma conduite qui me met au-dessus de tous les traits de la calomnie, je ne pensai jamais qu'on osât porter l'abus du pouvoir, jusqu'à oser me ravir le fruit de mes longs travaux. Je réclamai contre l'injustice que mon fils éprouvait, et je ne m'affectai point alors des menaces qu'on me faisait craindre à moi-même.

Mais *Draparnaud* fut destitué, et alors je ne pus plus douter qu'un système d'oppression n'allait peser sur ma famille, et me menaçait moi-même. Bientôt les bruits de mon exil de l'École, acquirent cependant plus de consistance. Un parent du Ministre, M. *Victor Broussonet*, vint me prévenir officieusement du coup dont j'étais menacé, et me dit de mettre tout en œuvre, pour engager le Ministre à ne pas exécuter son projet, même de lui écrire : *Dissipez*, me *dit-il, ses préventions contre vous ; déjouez vos ennemis.*

Comme M. *Victor Broussonet* me doit en partie son admission à l'École, je crus que la reconnaissance le portait à me parler ainsi; mais j'appris ensuite à mieux connaître les motifs de sa démarche auprès de moi. L'opinion publique, ce juge sévère des actes des hommes en place, condamnait hautement la destitution de l'infortuné *Draparnaud*, ainsi que celle de mon fils; et l'on voulait que, tremblant moi-même pour ma place, je m'abaissasse jusqu'à flatter notre oppresseur, jusqu'à prendre avec lui le ton de suppliant, afin de m'interdire le droit de lui reprocher son injustice envers mon gendre et mon fils : on voulait que je lui demandasse, comme une faveur, un acte que l'équité la plus sévère lui commandait, afin de pouvoir m'accuser d'ingratitude, si j'allais signaler ensuite la main qui avait immolé ce même gendre et ce même fils.

J'écrivis : j'eus tort peut-être; mais j'écrivis avec le caractère d'un homme qui réclame ses anciens services (1).

---

(1) Voyez aux pièces justificatives et probantes, *lettre* à M. Chaptal, N.° 7.

Le Ministre garda un profond silence ; les deux lettres que lui avait écrit mon gendre et que ma fille a insérées dans sa notice, déterminèrent M. *Chaptal à retirer, des bureaux du Ministère, le projet d'exil qu'il avait fait de sa main contre moi, et qu'il avait remis à l'expédition.*

Par le réglement qu'il avait fait, j'étais conservé dans l'École, mais il avait atténué mon titre. *J'étais Professeur d'Accouchemens, des Maladies des femmes et d'Éducation physique des enfans* : la loi du 14 frimaire an 3 et les Arrêtés du Comité d'instruction publique, l'avaient ainsi voulu. J'avais Professé jusqu'alors ces trois branches de l'enseignement, qui doivent être inséparables, et M. *Chaptal*, par son réglement, ne me conserva que le simple titre de Professeur d'Accouchemens.

D'après la loi du 19 ventôse an 12, il y a un Professeur d'Accouchemens dans chaque École de Médecine, et il doit y en avoir un dans chaque Chef-lieu de Département pour les Élèves sages-femmes. D'après le réglement de M. *Chaptal*, chap. II, art. 5, on ne sait pas positivement si je suis Professeur à l'École, ou si je ne suis que Professeur départemental. Le réglement fixe les époques et les heures des Cours que chacun des autres

Professeurs doit faire; il ordonne que les Étudians seront examinés sur chacune des branches de la science qu'ils sont tenus d'enseigner; *et ce même réglement garde le silence, sur ce qui concerne l'art si important des Accouchemens, des Maladies des femmes, etc.* Il n'exige pas que les Élèves soient questionnés sur les principes fondamentaux de ces trois parties; et l'on peut devenir Docteur dans la science qui a pour objet la conservation de l'homme, sans avoir la moindre notion des moyens de le garantir des dangers qui menacent sa faible existence, lorsqu'il est dans le sein maternel et lorsqu'il en est sorti (1).

D'après ce réglement, enfin, ne semble-t-il pas que désormais la Chaire que j'occupe ne doit plus appartenir à l'École; que mon Cours ne fait plus partie de son enseignement, et que les lois qui régissent ses Professeurs me sont, pour ainsi dire, étrangères? C'était ici une entreprise de M. *Chaptal*, qui atténuait ma place, pour l'anéantir ensuite plus

---

(1) Le lecteur voudra bien ne pas perdre de vue, que ce beau réglement qui n'est fait que pour l'École de Médecine de Montpellier, contient la trame dans laquelle il a ourdi le projet de m'exiler de l'École.

facilement. Et déjà, au milieu du cercle nombreux de mes Elèves, lorsque je me livrais, avec le plus grand zèle, à répandre l'instruction parmi eux, je les voyais inquiets sur l'avenir, et craindre de ne pas suivre long-tems les parties de l'enseignement, auxquelles, j'ose le dire, ils attachaient le plus grand intérêt.

Ce fut à cette époque, que M. *Chaptal* quitta, non sans regret, le Ministère. Monseigneur *de Champagny* lui succéda : l'opinion publique confirma généralement ce choix, et chacun vit avec plaisir un homme bien né, de mœurs douces et qui avait donné des preuves de talent dans une place importante, arriver au Ministère.

Je réclamai, auprès de lui, la réintégration du titre primitif de ma place, celui de Professeur *d'Accouchemens, des Maladies des femmes et d'Éducation physique des enfans*, et ma juste demande fut accueillie (1). Elle n'avait pas pour objet une augmentation d'honoraires ou de prérogatives : c'était un surcroît de travail que je réclamais. C'était l'avantage des Élèves que je désirais.

---

(1) Voyez aux pièces justificatives et probantes, le N.° 8.

Mon vœu étant rempli, je quittai la Capitale, je vins reprendre mes honorables fonctions : quels témoignages de joie et d'affection ne reçus-je pas de mes nombreux Disciples?

J'osais me flatter que l'ancien ennemi de ma famille ne s'occuperait plus de nous, et que la noble et courageuse résistance que j'avais opposée à des actes d'oppression, en lui donnant une idée de mon caractère franc, mais juste, ferme, mais équitable, me concilierait son estime, ou plutôt qu'il ne s'occuperait plus de moi.

D'ailleurs, ne devais-je pas vivre dans la plus grande sécurité, et ne redouter aucun acte hostile de la part de M. *Chaptal*, d'après la lettre que j'avais reçue de M. *Dégérando*, Secrétaire-général du Ministre de l'intérieur (1)? Et surtout du jour même que mon fils cadet, Capitaine des Voltigeurs au dix-huitième Régiment d'infanterie légère, passant à Paris, pendant que j'étais à Montpellier, présenta, sans m'en prévenir, deux suppliques (une en son nom et l'autre en celui de sa sœur) à sa Majesté l'Empereur et Roi,

---

(1) Voyez les pièces justificatives et probantes, le N.° 9.

à une revue à la plaine des Sablons, où il demandait protection pour son père, dans le cas où M. *Chaptal* aurait *encore* assez de crédit pour lui nuire (1) : les expressions pleines de bonté de l'Empereur qui daigna répondre : « *que votre père soit tranquille* » *dans sa place*...... M. Chaptal *n'est plus* » *Ministre*, » étaient pour nous un égide qui devait nous mettre à l'abri de toute atteinte ! Pour le surplus, S. M. ordonna qu'on lui fit un rapport, lequel n'a jamais été fait.

On ne pouvait plus m'attaquer à main armée : il fallait donc chercher à m'atteindre en employant l'artifice et la ruse.

L'on mit, quelque tems après, sous les yeux du même Ministre, qui m'avait rendu mon premier titre, un projet de réglement, où l'on prit pour texte le bien de l'École de Montpellier, l'amélioration de son système d'enseignement, l'économie à y apporter, le désir même, dit-on, de quelques Professeurs, les derniers reçus, parens, amis et protégés de M. *Chaptal*, pour demander la distraction de ma place de l'École de Médecine ; et afin de ne pas se couvrir de l'odieux d'une injus-

---

(1) Voyez *idem*, les N.os 10 et 11.

tice révoltante, on proposa, le même jour, de donner à mon fils aîné, la place de Médecin-Inspecteur des eaux de Balaruc, et à moi celle de Professeur d'Accouchemens à l'hospice de la maternité de Montpellier.

Ainsi on nous couronna de fleurs, on nous immola et on nous chassa à jamais d'une École, à laquelle nous nous faisions gloire et grand honneur d'appartenir. Ainsi les vœux de M. *Chaptal* furent accomplis.

A-t-on pu croire que nous nous tairions, parce qu'on nous accorde en dédommagement d'autres places, et qu'on a l'air de nous conserver par là une certaine confiance ?

Non, l'honneur ne transige pas ainsi.

C'est au Camp d'Osterode, au milieu du tumulte des armes, que ce Décret fut présenté à sa Majesté pour être sanctionné. Pourrait-il ne pas l'être, quand tout était si habilement concerté pour couvrir d'un voile en apparence favorable, un travail qui était adroitement dirigé contre moi ?

Je ne pus croire cependant à mon exclusion de l'École : car je croyais que ce n'était que la Chaire d'Accouchemens qui en était distraite. *Les Maladies des femmes et l'Éducation physique des enfans*, ces deux parties essentielles des études médicales, feront probablement le sujet d'un autre Cours ; me disais-je. Le Ministre semble m'avoir imposé l'obligation de le faire, lorsqu'il a rendu, à mon titre de Professeur, tous les attributs primitifs que M. *Chaptal* lui avait ôtés. Je me disais donc : ce sera à l'École que je continuerai probablement d'enseigner ces deux branches de la science médicale ; elles seront encore la matière des questions à faire aux Élèves dans les examens, et sans doute j'aurai le droit d'assister à ces actes. D'ailleurs, le Décret n'abroge pas le réglement du 22 fructidor an 11, qui fixe le nombre des Professeurs à douze, non compris le Directeur. Ce nombre est incomplet, si je ne m'y compte plus. Ma Chaire est portée hors de l'École ; mais il en est ainsi de celles de Clinique et de Botanique : cette translation ne doit donc pas m'affecter, je dois être payé sur les fonds de l'École. Je suis donc encore Professeur de l'École : je dois donc jouir encore des honneurs et des prérogatives attachés à ce titre. Je raisonnais ainsi, et je ne pouvais me défendre de cette illusion flatteuse, tant l'idée d'un Décret qui me priverait de 22 années de Professorat, du prix des plus longs travaux, était inattendu pour moi.

Mais deux jours après, une délibération de

l'École, en date du 28 avril 1807, commence à dissiper mes illusions. Il y est dit : « l'École » assemblée extraordinairement a pris con- » naissance des réclamations que M. *Seneaux*, » le père, a faites contre l'exécution du » Décret impérial du 20 mars ». Mais quelles sont ces réclamations, dont l'École a pris connaissance ? *Je ne lui en ai point adressé* ; quelques personnes ne rougissent pas de recourir à un mensonge et de faire un faux, pour avoir le prétexte de délibérer contre un collègue : cet acte n'est-il pas une offense à l'École, dont ils empruntent le nom ?

Il est dit dans cette délibération : « le » Décret de sa Majesté Impériale *n'étant pas* » *susceptible d'interprétation*, M. Seneaux » *ne peut plus être reconnu comme faisant* » *partie de l'École* » ; n'est-ce pas là une interprétation du Décret ? Et les Professeurs qui ont osé se la permettre, n'ont-ils pas franchi les limites de leurs pouvoirs ?

Il est dit encore dans cette délibération : « *afin que les actes publics ne soient plus* » *troublés comme ils l'ont été depuis la noti-* » *fication du Décret impérial*, M. *Seneaux* » fera provisoirement ses leçons dans les salles » des conférences cliniques à l'Hôpital Saint- » Éloi ». Autre faux : ai-je jamais porté le trouble dans les actes publics de l'École ? Mes collègues me calomnient, et quand ? Lorsque je suis opprimé, lorsque les rapports qui nous ont si long-tems unis, leur imposent le devoir d'élever la voix en ma faveur.

Mais il faut être juste : cinq ne l'avaient pas signée, et plusieurs ne l'avaient fait que par crainte, ou pour plaire à M. *Chaptal.*

Il est dit, enfin, dans cette délibération : « M. *Seneaux n'étant plus Professeur en Mé-*
» *decine, ne peut plus porter aucun des cos-*
» *tumes affectés aux Professeurs.* Quel est donc cet empressement à s'unir à mon ennemi, pour m'humilier et pour m'abreuver d'outrages ?

Cette délibération m'étonna plus encore, qu'elle ne m'indigna. Je ne pus concevoir comment mes collègues osèrent s'avilir, au point de servir d'instrument à la haine la plus injuste (1).

---

(1) « Il y a quelques années qu'à la première appa-
» rition d'un livre, je résolus d'en attaquer les principes
» que je trouvais dangereux. J'exécutais cette entreprise,
» *quand j'appris que l'auteur était poursuivi*; à l'instant
» je jetai mes feuilles au feu, jugeant *qu'aucun devoir*
» *ne pouvait autoriser la bassesse de s'unir à la foule pour*

Cependant, plusieurs de ces Professeurs qui ont pris part à cet acte déshonorant, me firent des excuses : *c'est, dirent-ils, M. Victor Broussonet*, qui a demandé que l'assemblée fût *convoquée, qui leur communiqua des lettres impératives de M. Chaptal; ils ont craint de perdre leurs places.* Mais est-il quelque considération, qui doive l'emporter sur la vérité et sur la justice ?

Voyez jusqu'où va leur aveuglement !..... Le même jour que la délibération m'est notifiée, il me fut défendu de continuer le Cours de Clinique, que je faisais alors à l'Hospice Saint-Éloi, pour mon respectable confrère et mon doyen, *Poutingon*, alors malade. Défenses furent faites à tous les Étudians en Médecine, de m'offrir, comme aux autres Professeurs, la Thèse qu'ils sont obligés de soutenir lorsqu'ils aspirent au Doctorat. Ils voudraient même me priver, s'il était possible, de ce respect que les Disciples doivent

---

» *accabler un homme d'honneur opprimé*..... J'ai cru » devoir ajouter *ce respect pour son malheur*, à l'estime » que j'eus toujours pour sa personne. Je ne crois pas » que cette façon *de penser me soit particulière : elle est* » *commune à tous les honnêtes gens* ». J. J. Rousseau, *Lettres de la Montagne.*

à leur Maître. Mais ils ne sauraient recommander aux cœurs : les Élèves n'ont jamais cessé de me regarder comme un tendre ami ; ils ne cessent de m'appeler du nom de père : la plupart m'ont toujours fait hommage de leurs Dissertations ; ils m'ont toujours exprimé la plus vive reconnaissance pour mon zèle à les enseigner. Oh ! comme ces témoignages sincères de leur affection ont adouci l'amertume que l'on a répandue sur mes jours !.....

La délibération de l'École du 28 avril, est adressée à mon ennemi, qui s'empresse de la faire sanctionner. Une lettre du Ministre, à M. le Préfet de l'Hérault, en date du 9 mai, par conséquent postérieure à la délibération de dix jours seulement, porte que je ne dois plus jouir des droits attachés à la Chaire de Professeur à l'École de Médecine.

Je vois alors évidemment que mon ennemi triomphe : je réclame auprès du Ministre (1) ; mais je réclame en vain. Je démontre combien mon exclusion est injuste, et j'indique plusieurs moyens de concilier le transport de ma Chaire hors de l'École,

---

(1) Voyez les pièces justificatives et probantes, le N.º 12.

avec ce qui est dû à mes longs services (1) ; mais aucun de ces moyens n'est adopté (2), lors même que l'on reconnaît que je n'ai pas cessé d'être digne de la place honorable que j'occupais depuis plus de 20 ans (3).

Cependant, S. E. m'assure de sa bienveillante protection, et du plaisir qu'elle aura à saisir l'occasion de me dédommager de la suppression de ma Chaire. Je croyais toucher au moment de voir se réaliser cet acte de justice (4), lorsque M. de *Cham-*

---

(1) Voyez les pièces justificatives et probantes, le N.° 13.

(2) Voyez, *idem*, le N.° 14.

(3) Voyez, *idem*, le N.° 15.

(4) Son Excellence avait déjà déclaré que je devais porter les costumes des Professeurs de l'École de Médecine ; et elle avait ajouté que je devais jouir de la considération attachée à mon ancien titre, et que je n'ai pas cessé de mériter l'estime du Gouvernement. Il n'adopte point l'une des mutations que je lui *propose et qui auraient mis fin à tout*, et déclare que la disposition du réglement est un obstacle insurmontable ; que pour récompense de mes longs services, on me donne la qualité de Professeur honoraire (*). Je lui écrivis encore (**), et elle me répond de m'adresser à son successeur.

(*) *Voyez* sa lettre du 8 août *idem*, le N.° 16.

(**) *Voyez* les pièces justificatives, etc. le N.° 17.

pagny passa aux Rélations Extérieures. M. de *Crétet* fut nommé à sa place : comme je connais la justesse de son esprit et ses excellentes qualités, je ne désespérai pas d'être entendu. J'attendis quelque tems ; j'écrivis ensuite à ce Ministre (1): mes réclamations furent oubliées dans les bureaux.

Si S. E. Monseigneur de *Crétet* eût pesé lui-même les observations et les demandes que je lui ai soumises, déjà je n'en doute pas, déjà le vœu de mes nombreux Disciples et des Professeurs les plus distingués par leurs vertus et par leurs talens, serait rempli ; déjà je serais rentré dans cette École, où, pendant environ 22 années, j'ai Professé successivement différentes parties de la science médicale. Mais, au milieu de ce torrent d'affaires qui roule rapidement autour de l'Administration d'un vaste Empire, il n'est pas étonnant qu'une réclamation particulière échappe à son attention, surtout lorsque les agens de M. *Chaptal*, qui sont encore dans le Ministère, ont soin d'éloigner mes suppliques ou de faire des rapports contraires: aussi je suis loin de me plaindre

---

(1) Voyez les pièces justificatives, etc. le N.o 18.

d'un Ministre qui a justement la confiance publique.

La revendication que je forme de mon ancien titre de Professeur à l'École de Médecine de Montpellier, est fondée, et elle est faite pour résister à l'épreuve la plus rigoureuse d'un examen impartial.

J'exerçais, depuis près de 20 ans, l'art de guérir, lorsque j'obtins une place de Professeur. Je ne la dus ni à l'intrigue, ni à la faveur d'un Décret révolutionnaire.

Un concours fut ouvert, je me présentai; je subis une épreuve publique et solennelle: alors l'ignorance n'avait pas le pouvoir d'usurper le droit d'enseigner le premier et le plus important des arts; alors le savoir seul osait aspirer aux Chaires de l'École. D'autres émules la disputaient avec moi : l'un d'eux plus heureux l'obtint ; mais on crut juste de demander pour moi la création d'une nouvelle Chaire, et le 27 février 1787, le Roi l'accorda.

C'était donc par une voie honorable, que j'étais entré dans la carrière de l'enseignement : *tous ceux qui ont secondé les vues de mon ennemi, peuvent-ils dire comme moi? Mon ennemi, lui-même, ne peut pas tenir ce langage.* Et cependant cette place si glorieusement acquise, exercée avec tant de zèle pendant plus de 20 ans, m'a été ravie ; tandis que l'honneur d'enseigner est laissé *à des hommes nouveaux*, qui ne l'auraient jamais obtenu, s'il eût toujours été la récompense du mérite, éprouvé au creuset d'un examen sévère.

Pourquoi ai-je été éliminé de cette place? Étais-je resté au-dessous de mes fonctions ? Non, j'ose le dire; j'étais Professeur depuis plus de 20 années : l'organisation de l'École avait éprouvé un grand nombre de révolutions et de mutations, et j'avais toujours été jugé digne d'y appartenir.

Avais-je négligé les devoirs qui m'étaient imposés ? Non encore, j'ose le dire. Pendant plus de 20 années, je m'étais occupé, avec un zèle infatigable, à remplir mes fonctions avec honneur : mon Cours avait été toujours un des plus suivis. Qu'on fouille dans la collection des Thèses soutenues à l'École, et l'on verra quels furent les fruits de mes leçons: l'on verra que le plus grand nombre des Élèves y puisaient les sujets et les matériaux de leurs tributs académiques.

Vingt-deux années de Professorat, mon exactitude et mes succès dans l'exercice de mes fonctions, ne sont pas les seuls titres à la place qu'on m'a enlevée ! Mes services gratuits dans les Hospices *civils et militaires* me donnent, j'ose le dire, aussi des droits ; chez une Nation telle que la nôtre, celui qui, pendant 18 années, se livra dans les asiles de la douleur et des infirmités au soulagement de l'humanité souffrante, a quelques droits à la reconnaissance publique.

Depuis plus de 40 ans, tous mes instans, toutes mes pensées ont été consacrés au bien public. La pratique et l'enseignement de la science médicale m'ont-ils laissé quelques loisirs? J'ai recueilli mes observations ; j'en ai déposé une petite partie dans des mémoires, dans des journaux, et le reste verra bientôt le jour. J'ai combattu des erreurs ; j'ai publié et je publierai encore des vérités importantes : il m'est permis de penser et de dire que mes écrits, sur les différentes branches de l'art de guérir, ont quelque prix, puisqu'ils m'ont valu l'honneur d'être agrégé à huit Académies ou Sociétés savantes de l'Empire.

Mes droits à la place que j'occupais, ne sont-ils pas fondés, encore, sur la considération *due au chef, au soutien d'une famille nombreuse, depuis long-tems dévouée au service de la Patrie, qui compte, parmi ses membres, 19 militaires*, la plupart élevés en grade : les uns déjà rentrés dans leurs foyers, couverts d'honorables blessures, vétérans et pensionnaires de l'État ; les autres bravant chaque jour la mort, pour la Patrie et pour la gloire du Trône.

Si un Tribunal équitable était chargé de prononcer sur mes droits, sur mes titres, sur mes services, comparés avec les compilations chimiques de M. *Chaptal*, avec le bien qu'il a fait à l'humanité, et surtout avec la différence étrange qui existe dans nos positions respectives, que deviendrait M. *Chaptal* !

Pourquoi donc ai-je été éliminé de l'École ? Mon ennemi *oserait-il dire que j'y semais la désunion ?* Mais qu'il cite un seul acte, un seul propos que je me sois permis, qui ait pu affaiblir les rapports qui m'unissaient à mes collègues, ou troublé cette précieuse harmonie qui doit régner dans une École consacrée à transmettre à la jeunesse studieuse, non-seulement la science médicale, mais encore l'amour des vertus qui font le lustre des Médecins et des Chirurgiens ?

Ai-je, pour diviser les membres de l'École, *violé le secret de leurs lettres confidentielles* (1) ?

---

(1) *Voyez* la conduite que M. *Chaptal*, alors Mi-

Ai-je cherché à avilir mes collègues en les calomniant (1) *? Me suis-je couvert d'un masque trompeur ? Leur ai-je parlé le langage de l'estime et de l'amitié pour les mieux trahir ?*

CHAPITRE V.

Dans quel état les innovations faites par M. Chaptal, ont réduit l'École actuelle de Médecine de Montpellier, en y plaçant de ses parens et des hommes qui lui étaient dévoués, et en cherchant à exclure les anciens Professeurs et à leur inspirer des craintes.

J'avais le droit, sans doute, de censurer les actes du bureau d'Administration de l'École, lorsqu'ils étaient contraires aux lois, de critiquer des dépenses extraordinaires ou inutiles, celles surtout qui n'avaient pour objet que l'avantage d'un individu et non celui de l'Ecole; j'avais le droit de m'opposer à ce que les parens de M. *Chaptal*

---

nistre, tint entre MM. *Dumas* et *Draparnaud*, *aux pièces justificatives et probantes*, *la notice* N.° 1.

(1) Voyez les lettres de M. *Baumes*, Professeur, etc., à M. *Chaptal*, *imprimées en* 57 *pages*, *in*-4.°

s'appropriassent, à eux seuls, des rétributions qui appartenaient au corps des Professeurs : j'avais bien plus encore celui de réclamer contre des retenues injustes. Eh bien! je me suis presque toujours imposé silence, et je me suis condamné plusieurs fois à des sacrifices pécuniaires, lorsque j'avais les plaintes le mieux fondées à élever, afin de ne point altérer la concorde et la bonne intelligence, dans laquelle je désirais de vivre avec mes collègues, qui a toujours existé jusqu'au malheureux instant que l'École a été mise sous la domination de M. *Chaptal*, et qu'il y a eu introduit ses parens, les MM. *Broussonet*.

Que de faits ne pourrais-je pas citer en preuve de mon amour pour la paix !....

L'École avait délibéré que le Professeur qui, sans excuse légitime, manquerait à une assemblée, à un examen, à un acte quelconque, serait condamné à une amende, qui tournerait au profit des présens. Le produit des amendes était considérable. On a souvent parlé de faire la répartition. J'avais des droits à cette distribution plus qu'aucun autre membre de l'École. *L'argent a disparu, et j'ai eu la générosité de ne pas m'en plaindre.*

La loi du 21 germinal an 11, sur l'organisation des Écoles de Pharmacie, veut que celle de Médecine nomme deux de ses membres pour assister à la réception des Pharmaciens. La première année, le choix tomba sur M. *René*, Directeur, et sur M. *Victor Broussonet*, *parent de M. Chaptal.* Le produit des réceptions fut de 7 à 8 mille francs. Il devait entrer à la masse *commune*, *ainsi que cela se fait à l'École de Paris*, le titre en vertu duquel ils avaient fait cette prétendue corvée, appartenant à tous les Professeurs. Cependant ces deux examinateurs se le sont partagés (1), *et j'ai eu la générosité de ne pas m'en plaindre.*

Lorsque le Jury médical du Département de l'Hérault fut formé, M. le Professeur *Poutingon*, le Nestor de la Chirurgie dans le Midi de la France, ayant quarante-deux ans de Professorat, réunit tous les suffrages de l'École, et cependant il ne fut pas nommé: *peut-être parce qu'il donnait alors ses soins au malheureux Draparnaud*, *dans son lit*

---

(1) Ce M. *Victor Broussonet* est singulièrement porté pour la finance. Le vénérable Consistoire de l'Église Protestante de Montpellier pourrait nous en fournir une *petite* preuve.

de mort. Parmi les élus furent les parens ou les favoris de M. *Chaptal.* Ils tirèrent des honoraires considérables des Officiers de Santé, etc., et ne versèrent rien dans la bourse commune. *J'ai eu la générosité de ne pas m'en plaindre.*

M. *Durand*, Étudiant en Médecine, donna *ses soins affectueux à Draparnaud, pendant sa dernière maladie, ainsi qu'à son fils qui était mort* 32 *jours auparavant.* C'était s'exposer à la disgrace des parens et des créatures de M. *Chaptal*, à l'École de Médecine; en effet, peu de tems après, M. *Durand*, s'étant présenté pour le Doctorat, fut admis à l'unanimité à ses examens ; sa thèse fut adoptée par l'École, elle fut imprimée et distribuée ; et à l'instant où il allait la soutenir, M. le Professeur *Victor Broussonet*, *parent de M. Chaptal*, y mit opposition, sous le faux prétexte que M. *Durand*, avant d'étudier en Médecine, avait été attaché à une maison en qualité de serviteur : celui-ci produisit sur le champ une attestation formelle du contraire, signée par le maître de cette maison, qui déclara que M. *Durand* n'avait demeuré chez lui que comme agent chargé de la direction des affaires dont il tenait les livres.

M. *Durand* avait été fait prisonnier en

Espagne dans les premières campagnes ; sa fortune, lorsqu'il fut échangé, se trouva dévorée par les assignats ; et M. *Victor Broussonet* fit tellement opposition à la thèse d'un homme estimable, instruit, laborieux et malheureux, à qui il ôtait par-là tout espoir de fortune, que M. *Durand* fut rejeté sans pouvoir la soutenir. C'était, il faut en convenir, faire sa cour à M. *Chaptal* d'une manière bien cruelle et en même tems bien injuste. Le parti des Professeurs arrivés à l'École par le crédit de M. *Chaptal* l'emporta sur les anciens, qui auraient rougi d'exclure ainsi un homme dont la conduite honorable, les bonnes études et les talens auraient dû faire admettre, lors même que l'espèce de reproche que lui avait fait M. *Victor Broussonet*, eût été fondé; tandis qu'il était contraire à toutes les lois de l'École.

L'aveuglement des passions et la basse flatterie furent tels, dans cette circonstance, que M. *Victor Broussonet* ne sentit pas qu'on pouvait facilement *rétorquer son objection contre M.* Chaptal, *lui-même, son parent.*

En effet, il n'est personne à Montpellier et dans les environs, qui ne sache, avec toutes les circonstances, que M. *Chaptal*, né de parens très-pauvres, de la classe du peuple,

(ce qui serait très-injuste de lui reprocher) fut placé, étant jeune, dans les montagnes de la Lozère, en qualité de Berger, pour avoir soin d'un troupeau de chèvres; qu'il fut tiré de cet état de domesticité, par un oncle qui l'appela auprès de lui à Montpellier, où par les économies les plus sévères, le travail le plus opiniâtre et les privations de tout genre, cet oncle était honorablement parvenu au grade de Docteur et exerçait la Médecine avec succès. Telle est la première origine du changement d'état et de fortune de M. *Chaptal*, que son oncle fit étudier en Médecine. Or, si à cette époque un *Victor Broussonet* eût formé opposition à l'admission de M. *Chaptal*, sous le prétexte injuste que son premier état devait l'exclure du Doctorat; qu'on l'eût traité comme le pauvre *Durand*, sous prétexte qu'il avait été Berger : (et certes ! ce n'était *pas le Berger Pâris*, quoiqu'il eût placé *sur sa tête un bonnet rouge Phrygien*); M. *Chaptal* n'aurait jamais eu une aussi grande fortune que celle qu'il a, et ne serait jamais devenu Propriétaire et Seigneur de la terre de *Chanteloup. J'ai vu cela, j'en ai gémi et j'ai eu la générosité de ne pas m'en plaindre !......*

Le 6 frimaire an 12, les Professeurs se

partagèrent le produit des inscriptions, des examens et des réceptions faits pendant les mois de vendémiaire et de brumaire de l'an 12. Il revint à chacun une somme de 1162 francs; les agens de M. *Chaptal* étant en majorité, voulurent que M. *Auguste Broussonet* eût une portion, *quoiqu'il n'eût encore jamais paru dans l'École, et qu'il n'eût pas été reçu, ni proclamé Professeur.* Je vis passer une partie de ma rétribution entre les mains de celui qui venait de dépouiller mon gendre, *et j'eus la générosité de ne pas me plaindre.*

Le Décret du 20 mars qui m'élimine de l'École, ne me fut notifié que le 21 avril suivant. On ne me fit pas compte du produit des inscriptions et des actes pendant les 21 jours de ce mois. On ne me fit pas compte non plus *du produit des inscriptions des Élèves qui se destinaient à être Officiers de Santé*, objet qui n'avait pas été réglé depuis long-tems, *et j'eus la générosité de ne pas me plaindre.*

Avant que le réglement du 22 fructidor an 12 fût en partie mis à exécution, il y avait plus de quatre ans qu'aucune délibération de l'École n'était transcrite sur les registres: dans le moment que j'écris, elles ne le sont pas encore (1); et cependant l'École avait deux Secrétaires aux appointemens de 4500 francs chacun, sans compter le logement, etc. etc. *J'ai vu cela, et j'ai gardé le silence.*

Les délibérations les plus sages ont resté souvent sans effet, quand elles ont été prises contre l'avis de MM. *Chaptal*, *Broussonet* frères et autres parens et amis. *J'ai vu cela, et j'ai gardé le silence.*

M. *Chaptal*, pendant son Ministère, donna ordre à l'École d'envoyer deux Professeurs en Espagne, pour reconnaître la maladie contagieuse qui ravageait l'Andalousie, et il assigna, pour cet objet, une somme de *vingt mille francs*. MM. *Lafabrie* et *Berthe* furent élus : M. *Victor Broussonet*, *parent*

---

(1) Les délibérations n'étant point transcrites sur les registres à mesure qu'elles sont prises et approuvées par tous les Membres délibérans, un Comité de calomniateurs pourrait, au besoin, supposer toute sorte de délibérations ; les mettre à la date qui lui plairait.... choisir une victime au moyen de cette marche sourde et clandestine.... la faire frapper par le Gouvernement...., etc. etc. Est-ce ainsi qu'une École de Médecine, comme celle de Montpellier, aurait dû être administrée? Ses délibérations n'auraient-elles pas dû être transcrites soigneusement d'une séance à l'autre ?

du Ministre, avait espéré sans doute que le choix tomberait sur lui; quand il vit son espoir frustré, il manœuvra et il parvint à se faire nommer troisième Commissaire, et même à se faire adjoindre un de ses amis comme Secrétaire : la dépense, d'abord fixée à vingt mille francs, s'éleva à environ trente-cinq mille. *J'ai vu cela, et j'ai gardé le silence.*

M. *Dumas* avait été Professeur de Clinique à la place de M. *Fouquet*, déjà vieux, et en avait rempli les fonctions pendant environ trois ans. M. *Chaptal* lui ôta cette place, pour la donner à son ami *Lafabrie*, qui n'était que Professeur adjoint. M. *Dumas* cria, se plaignit très-justement. M. *Chaptal* s'empressa de le calmer, et institua pour lui une espèce de Clinique de Perfectionnement, dont on se serait très-bien passé, si M. *Dumas* eût resté Professeur de Clinique. Cette institution a coûté environ *dix mille francs. J'ai vu cela, et j'ai gardé le silence.*

M. *Chaptal* a éliminé de l'École MM. *Vincent* et *Duportal*, Docteurs en Médecine. Le premier était dans l'École de père en fils depuis près de 150 ans; et le second avait remporté la place d'aide-Chimiste *au concours* pendant deux fois; l'un et l'autre faisant le plus noble usage de leurs traitemens, *puisqu'ils en entretenaient leurs familles :* M. *Chaptal* les a supprimés, et dans le même tems a placé ses créatures ou celles *des Broussonet*, dans d'autres places qu'il a forgées dans le même tems tout exprès. *J'ai vu cela, j'en ai gémi, mais j'ai gardé le silence.*

M. *Victor Broussonet*, alors Réquisitionnaire, appelé par la plus grande faveur à la place d'Adjoint à la Chaire de Médecine opératoire, est parvenu tout à coup à celle de Professeur titulaire de Clinique interne, et a été de plus nommé Médecin militaire dans le même Hôpital, où se fait le Cours de Clinique. Il ne doit tant d'avantages, qu'à la protection de son parent M. *Chaptal.* Il n'a pour lui aucun titre. Son *Tableau de séméïotique* n'est autre chose qu'une analyse au-dessous du médiocre de quelques leçons de M. *Fouquet* sur cette matière. Sa brochure *des Habillemens* est l'ouvrage d'un Étudiant en Médecine, mort à la fleur de son âge. Mais ce *qui lui appartient incontestablement, c'est une brochure de trente-sept pages qu'il a mise sous le nom de J. P. PHILIATRE.* M. *Victor Broussonet* devait-il l'emporter sur tant de Professeurs de cette École, célèbres par leurs écrits, et dignes de récompense par leurs longs services? C'est ce même homme qui a semé la terreur dans l'École, et qui l'administre si despotiquement depuis si long-tems sous les auspices de M. *Chaptal. J'ai vu cela, j'en ai gémi et j'ai gardé le silence.*

M. *Fabre*, Chef des dissections anatomiques depuis environ cinq ans, beau-frère de M. *Berard*, associé dans le commerce de M. *Chaptal*, meurt Celui-ci fait accorder une pension à sa veuve, place ses enfans dans les Lycées, donne trois places à son beau-père M. *Salettes*, etc. etc. (ce que je suis bien éloigné de blâmer); mais *Draparnaud* meurt sa victime, après neuf ans de Professorat. Sa veuve, au lieu d'être pensionnée, est persécutée et tyrannisée, ainsi que toute sa famille. *J'ai vu cela, j'en ai gémi et j'avais gardé le silence jusqu'à ce jour.*

M. *Auguste Broussonet* était Vice-Consul, à Mogador, *où la peste arriva; il se retira aux îles Canaries.* M. *Chaptal* le fait nommer Professeur; il reste environ cinq ans dans cette île, et il touchait, quoique absent, son traitement de six mille francs par an de l'École. *J'ai vu cela, et j'ai gardé le silence.*

Pendant le Ministère de M. *Chaptal*, l'École délibéra de lui écrire, pour l'engager à acheter pour elle le beau Jardin et le Château de Madame *Itier*, limitrophes du Jardin de Botanique. Ces immeubles, alors en vente, n'auraient coûté qu'environ quarante mille francs. L'aliénation de la maison et des écuries du Jardin de Botanique, que cet achat aurait rendus inutiles, aurait produit les deux tiers du prix; et par conséquent, moyennant quinze ou seize mille francs, on aurait augmenté du double l'étendue du Jardin, et on aurait eu un superbe logement pour le Directeur et pour les Employés. M. *Chaptal* préféra envoyer, à grand frais, un Architecte de Paris, et dépensa plus de cent mille francs pour rebâtir presque à neuf l'ancienne maison des Chanceliers de Médecine; de faire faire une serre ou, pour mieux dire, une orangerie; faire détruire, au milieu du Jardin, une très-belle allée qui servait de promenade publique, pour y établir un édifice qui n'est presque d'aucune utilité. *J'ai vu cela, et j'ai gardé le silence.*

En l'an 5, l'École délibéra que chaque Élève donnerait, en recevant son diplôme, une somme de vingt-quatre francs, qui serait employée à acheter quelque pièce d'Anatomie, quelque objet d'Histoire Naturelle, ou quelque nouvel instrument pour le Conservatoire. On a recueilli plus de trois cents rétributions de cette nature : on n'a presque rien acheté ; la recette est finie depuis l'an 12 : on n'a pas présenté de compte..... *J'ai vu cela, et j'ai gardé le silence.*

J'ai gardé le silence sur tous ces faits et sur bien d'autres : quel a été le prix de tant de sacrifices et de tant de modération ? Pourquoi ai-je été éliminé de l'Ecole ? N'était-il pas dans la loi du 19 ventôse an 11, développée dans le réglement du 22 fructidor, qu'il y existât une Chaire d'*Accouchemens*, *des Maladies des femmes et d'Éducation physique des enfans ?* Cette Chaire n'a-t-elle pas été *conservée dans les Écoles de Paris*, *de Strasbourg*, *de Turin et de Mayence ?* Faut-il que dans celle de Montpellier, aussi célèbre et aussi fréquentée, les jeunes gens qui viennent de toute part en si grand nombre y chercher la science médicale, trouvent moins d'instruction ? Pourquoi me sépare-t-on des Professeurs de l'École, et me prive-t-on d'assister aux actes publics ? N'était-il pas dans l'ordre que les Élèves qui suivent mon Cours, fussent soumis à mon examen? N'est-il pas contre l'ordre, qu'ils ne soient interrogés sur la branche importante qui fait le sujet de mes leçons, que par les Professeurs qui ne l'ont presque jamais cultivée?

Mais si l'innovation sollicitée par M. *Chaptal*, contrarie les dispositions des lois fondamentales des Écoles et les principes d'un bon système d'instruction, s'accorde-t-elle *du moins avec ceux d'une sage économie?* Non, elle me prive de tout droit à la répartition des produits éventuels des inscriptions, des examens et des réceptions; elle me prive de l'avantage d'être nommé à la Présidence des Jurys médicaux des Départemens; mais ce qui me nuit, ne tourne qu'au profit des Professeurs *et de M. Chaptal lui-même, qui en retire les émolumens comme Professeur honoraire*, et nullement à celui du trésor de l'État, *à qui par cette mesure il en coûte quatre mille francs de plus par an.*

Ainsi mon élimination de l'École n'est fondée sur aucune considération d'intérêt public. Pourquoi donc l'a-t-on sollicitée? N'est-ce pas pour satisfaire un sentiment de haine, pour assouvir une injuste vengeance?

Si le Décret qui *m'a frappé*, *eût opéré le même changement dans l'organisation des autres Écoles de Médecine*, je ne pourrais apercevoir dans ses dispositions les traces de la main persécutrice de mon ennemi. Mais quand je vois que c'est moi seul qu'il atteint, et qu'il n'est aucune raison qui justifie la suppression d'une Chaire, dont l'École de Montpellier a autant besoin que toute autre pour le complément de son organisation et l'avantage de ses nombreux Élèves; je ne puis résister à l'idée que c'est *l'oppresseur de mon fils, de mon gendre, de ma fille, qui a voulu m'accabler du poids de sa puissance et de son crédit.*

Plusieurs considérations forment, autour de cette idée, comme un faisceau de preuves qui lui donnent la force de la certitude.

Quand je réclame contre l'injustice dont je suis la victime, j'indique plusieurs moyens qui peuvent la réparer, sans choquer les dispositions du Décret du 20 *mars* 1807.

Par exemple, j'exerce mes fonctions hors de l'École: je ne m'en plains pas; les Professeurs de Botanique et de Clinique les y exercent aussi; mon traitement n'est fixé qu'à 6000 francs, tandis que celui des autres Professeurs s'élève annuellement, avec les émolumens éventuels, à 9000 francs : je n'en murmure pas: ce n'est pas un vil intérêt qui m'occupe; mais je me plains de ce que mon nom est rayé du catalogue des Professeurs de l'École; que je n'ai pas le droit d'assister aux actes publics de l'École; et que je sois privé du titre de Professeur à l'École. Voilà ce que j'ai le droit de revendiquer. Voilà ce que je demande, ce que j'ambitionne; et cet honneur mérité par mes longs services, cet honneur non-seulement m'est refusé, mais encore on m'en a dépouillé.

Puis-je douter alors qu'une influence oppressive pèse sur ma tête ?

Pour conserver mon rang dans l'École, j'offre de continuer gratuitement à y *faire un Cours de Maladies des femmes et d'Éducation physique des enfans*, branches très-essentielles de l'enseignement médical, que j'ai professées jusqu'au moment de mon élimination ; et cette offre généreuse est rejetée.

Puis-je douter alors qu'une influence oppressive pèse sur ma tête ?

Plusieurs places de Professeurs honoraires deviennent vacantes ; j'ose en demander une: j'y ai des droits. M. *Chaptal* s'est nommé lui-même Professeur honoraire, après quatre années de Professorat. J'en compte vingt-une : n'ai-je pas plus de droits que lui à cette dignité? De plus, je suis l'un des trois plus anciens Professeurs. On me répond : « le réglement du 22 fructidor an » 11, repousse votre demande ». Mais ce réglement n'a pas été un obstacle, quand mon ennemi a voulu me nuire ; et il en est un, quand il s'agit de me rendre justice.

Puis-je douter alors qu'une influence oppressive pèse sur ma tête ?

La disposition du réglement qui plaçait dans l'École la Chaire d'Accouchemens, Maladies des femmes, etc., était en harmonie avec les principes d'une bonne organisation, et tendait au plus grand avantage des Élèves ; la disposition de ce réglement qui, en nommant quatre Professeurs honoraires, au nombre desquels *M. Chaptal s'est modestement placé*, porte que nul autre Professeur ne pourra à l'avenir être élevé à cette dignité, est une disposition qui fut dictée par l'orgueil de ce Ministre, et qui n'a pour but que de flatter sa vanité (1). Et cependant cette disposition est respectée, et l'on me refuse justice.

---

(1) La loi sur l'organisation de l'Université, en déterminant qu'il y aura des Professeurs émérites, vient de faire justice sur ce point du réglement de M. *Chaptal*.

Puis-je douter alors qu'une influence oppressive pèse sur ma tête ?

La mort frappe le Directeur de l'École ; elle enlève aussi celui de Botanique ; leurs places sont vacantes ; des mutations de Chaires auront lieu : les exemples ne manquent pas, puisqu'il s'en est fait douze dans dix ans ; et j'ai tous les droits à une de celles qui deviendront libres. J'en forme la demande : le croira-t-on ? Un jeune homme, à peine sorti de l'École, qui n'a de Médecin que le nom, Conservateur des livres de l'École, auprès de laquelle il ne résidait point depuis cinq à six ans, qui doit sa thèse à la plume de *Draparnaud*, qui me doit à moi en partie d'être parvenu dans le tems à un emploi modeste, mais, jeune homme recommandé par M. *Chaptal*, obtient la préférence, est Professeur dans l'École ; on me refuse d'échanger ma place avec la place vacante : celle que j'y occupais, m'est aussi ravie ; et celui qui n'a encore rien fait pour la chose publique, jouit d'un honneur et des prérogatives, dont on dépouille l'homme qui, depuis quarante ans, y consacre ses veilles et ses services. *Puis-je douter alors qu'une influence oppressive pèse sur ma tête ?*

Les *parens*, les *amis*, les *adulateurs* de M. *Chaptal* sont comblés de faveurs et de bienfaits, quoique certains d'entr'eux n'aient jamais rempli leur devoir ; et moi qui ai le courage de résister à ses actes tyranniques, qui ai rempli le mien et souvent celui des autres, j'ai l'air d'un homme rejeté !.... *Puis-je douter alors qu'une influence oppressive pèse sur ma tête ?*

Mais n'occupez-vous pas, me dira-t-on, une Chaire qui, par l'importance de son objet, vous place encore à un rang distingué dans le Corps enseignant (1) ? Que pouvez-vous re-

---

(1) La loi du 17 mars 1808, relative à la création de l'Université, porte, article XII : « les cinq Écoles » actuelles de Médecine formeront cinq Facultés de même » nom, appartenant aux Académies dans lesquelles elles » sont placées. Elles conserveront l'organisation déter- » minée par la loi du 19 ventôse an 11 ».

Or, d'après cette loi du 19 ventôse an 11, il doit y avoir, dans l'École de Médecine de Montpellier, *douze Professeurs et un Directeur* : la Chaire d'Accouchemens, Maladies des femmes et Éducation physique des enfans, *est du nombre des Chaires établies dans cette Ecole.* Ne s'ensuit-il pas que la Chaire que je remplis, qui a été transportée de l'École de Médecine à l'Hôpital St.-Éloi, doit être réintégrée dans ladite École ? Et si un décret postérieur annulle un décret antérieur, celui du 17 mars 1808 ne doit-il pas annuller celui du 20 mars 1807 ?

gretter? Je regrette l'honneur d'appartenir à l'École de Médecine la plus ancienne et la plus célèbre; je regrette la considération, de tout tems attachée au titre de Professeur de cette École; je regrette l'honneur qui y est attaché, la plus douce récompense des travaux scientifiques et des services rendus à l'État : je regrette ces biens si précieux dans la Société, ces biens que l'homme à sentiment préfère aux plus grandes richesses......

Lorsqu'on m'en dépouille injustement, puis-je garder le silence? Ne me dois-je pas à moi-même, ne dois-je pas à ma famille, aux hommes respectables, dont je conserve l'estime et l'amitié, de prouver que je suis au-dessus de cet outrage? Ne dois-je pas à la Société de faire connaître un homme qui abuse si étrangement de son pouvoir, de son crédit, pour tyranniser une famille honnête, entièrement dévouée au service de la Patrie? Me taire, ne serait-ce pas légitimer l'oppression? Ne serait-ce pas enhardir l'oppresseur, et avec lui tous ceux que son exemple pourrait séduire?

Non, je ne souffrirai pas que l'on me dégrade, que l'on m'avilisse. Mes plaintes viennent d'être portées jusqu'aux pieds du Trône; et j'ai supplié Sa Majesté Impériale et Royale, de jeter un œil favorable sur le tableau fidèle que je viens de tracer *des actes tyranniques de M. Chaptal envers mon fils, mon gendre, ma fille et moi.*

PIÈCES
JUSTIFICATIVES ET PROBANTES.

N.o 1.

NOTICE

Sur la vie de JACQUES-PHILIPPE-RAYMOND DRAPARNAUD, Professeur à l'École de Médecine de Montpellier, à l'École Centrale de l'Hérault, etc.

Par MARIE-ANNE-GABRIELLE SENEAUX, *veuve* DRAPARNAUD, *son épouse.*

JE ne veux pas confier à d'autres la plume qui doit tracer rapidement quelques traits de la vie d'un époux, dont la perte prématurée fait le tourment et le désespoir de ma vie.

Je cherche une sorte d'adoucissement à mes maux en parlant de lui ; et en faisant connaître les qualités de son ame et de son esprit, je crois rendre un hommage mérité à sa mémoire, en même tems que je satisfais à la vérité.

Dépositaire de sa confiance et de tous les secrets de son cœur, je connais la cause d'un chagrin qui vint le frapper au milieu de ses succès les plus honorables, et lorsque entouré des nombreux Disciples qui venaient l'entendre de toutes parts, il apprit que la place qu'il occupait avec tant de gloire, n'existait plus pour lui.

Je ne dois pas aimer, sans doute, celui qui ayant prodigué autrefois les dehors de l'attachement à cet époux adoré, chercha à lui faire ensuite une blessure mortelle : je le livre à ses remords ; et si ma sensibilité et la vivacité naturelles à mon âge ne m'emportent pas, je ferai tout ce qui sera en mon pouvoir pour ne pas même prononcer son nom.

Jacques-Philippe-Raymond Draparnaud, mon époux, naquit le 3 juin 1772, d'une famille aisée et distinguée par des mœurs honnêtes. Ses premiers pas dans l'instruction annoncèrent tout ce qu'il serait un jour. A peine âgé de quinze ans, il soutint publiquement une thèse latine qu'il avait composée lui-même, et dans laquelle il se fit un tel honneur, que la Société Royale des Sciences de Montpellier, à qui elle était dédiée, chargea trois de ses membres d'en aller féliciter son père ; et l'on remarque, à cette occasion, que celui de ces trois membres qui s'exprima alors avec le plus d'enthousiasme sur les progrès de ce jeune homme, fut celui-là même auquel il dut, dans la suite, toutes les amertumes qui troublèrent sa vie et en précipitèrent le cours.

Il porta la même facilité, et obtint les mêmes succès dans l'étude des Langues savantes, et même dans l'étude du Droit ; il semblait qu'aucun genre d'application ne fût pénible à son imagination ardente et forte ; mais bientôt un penchant invincible et supérieur à tout autre, le porta vers l'étude de la Médecine et de l'Histoire Naturelle, qui devinrent la véritable passion de sa vie.

Il n'avait que dix-sept ans, lorsque la Révolution éclata : les rares progrès de mon mari et cette espèce d'attention universelle qui en était la suite, l'avaient rendu trop remarquable, pour ne pas être compté au nombre de ses victimes; il fut jeté dans les cachots : il y fut abandonné treize mois entiers; pendant ce long intervalle, on eut souvent à trembler pour ses jours, il se vit plusieurs fois sur le point d'être envoyé à la mort; ces alternatives affreuses coûtèrent la vie à son malheureux père : dans un moment où son fils lui parut sacrifié sans retour, il se tua de désespoir.

L'infortuné *Draparnaud*, à qui l'on ne put cacher le genre et le motif de cette mort, en conçut un chagrin si violent, qu'il en tomba malade : jamais un malheur aussi grand ne fit une impression plus longue et plus vive; et depuis cet affreux événement, il ne prononçait jamais le nom de son père sans verser des larmes de douleur.

Délivré de sa prison, presque tous les moyens d'existence lui manquèrent; sa fortune avait été dilapidée, et ses créances remboursées au moment de la plus grande dépréciation du papier-monnaie; mais il trouva dans sa passion pour les sciences, dans les ressources et la juste considération qu'elles lui procurèrent, une diversion puissante aux idées tristes, et une garantie contre l'infortune qui le menaçait.

Bientôt l'éclat de sa réputation lui fit offrir la Chaire de Professeur de Physique et de Chimie à l'École de Sorèze : il l'accepta et s'y rendit.

Il y avait à peine deux ans qu'il en remplissait les fonctions, lorsque le Professeur de Chimie à l'École de Médecine de Montpellier l'invita et le pressa, de la manière la plus honorable, d'accepter la place de

son adjoint : « Me voici appelé à organiser l'École de
» Santé, (lui écrivait ce Professeur) ; cet établissement
» sera beau, et je voudrais bien que tu y remplisses
» une tâche. Nos Administrations et Sociétés régénérées
» te rendraient ce séjour plus doux qu'il ne le fut
» jamais, etc. etc. Tu sais, mon cher *Draparnaud*,
» que je désire bien sincèrement de te rapprocher
» de nous ; et mon amitié et l'intérêt de nos Écoles
» me dictent toutes les démarches que je puis faire à
» ce sujet. Déjà, lors de la formation, je pensais à toi ;
» mais il était commandé alors par la justice et par
» l'humanité, de choisir parmi les deux Écoles sup-
» primées. Depuis ce tems, *Amoreux* a donné sa démis-
» sion; *Gouan* a écrit pour demander *Gilibert*, de Lyon :
» j'ai écrit, mais pour toi. Je suis sûr que l'un ou l'autre
» aurez la place ; et si tu abandonnes ton poste actuel,
» tu peux venir au sein de ta patrie, attendre le moment
» peu éloigné de la servir dans l'instruction, etc.......
» Je vois que mon adjoint donnera bientôt sa
» démission, et je ne songe qu'à toi pour le
» remplacer. Ces Chaires valent six mille livres et
» fournissent le moyen de fournir à de bonnes études.
» Je suis sûr que tu ne tarderas pas à être des nôtres ;
» et si tu abandonnes ton poste actuel, tu peux venir
» au sein de ta patrie, attendre le moment peu éloigné
» de la servir dans l'instruction. Je ne te répète pas
» que je serais bien charmé de me décharger d'une
» portion de la besogne sur toi : je suis sûr que peu
» de Cours en Europe seraient plus instructifs (1). Tous

(1) Comment un homme, qui, de l'aveu de M. *Chaptal*, à l'âge de 24 ans, devait faire fleurir l'École, qui devait faire des Cours au-dessus de tous ceux qui devaient se faire en Europe, et qui, à 30 ans,

» tes amis te désirent ici, et l'esprit public est à la » hauteur. Ma femme vient de me donner une fille. » Salut et amitié, CHAPTAL *signé*. Salut à l'ami *Dra-* » *parnaud*...... Je désire par-desus tout te fixer auprès » de nous, et mon vœu sera bientôt rempli; mais » *Berard*, mon adjoint, croit son honneur intéressé » à ne donner sa démission que lorsque le Cours sera » terminé, ce qui sera dans deux mois au plus tard. » *Barailon* vient organiser nos Écoles Centrales : c'est » mon ami; nous pourrons arranger le tout avec lui. » Je voudrais bien qu'il fît connaissance avec toi. Je » te préviendrai de son arrivée. Tout à toi, CHAPTAL » *signé* (1) ».

« Il est des faussetés déguisées qui représentent si » bien la vérité, que ce serait mal juger, que de ne » pas s'y laisser tromper ». *Larochefoucauld*, réflexions morales.

Séduit par ces invitations et par la gloire de répandre l'instruction sur un théâtre plus vaste et plus célèbre, *Draparnaud* quitte, avec de sincères regrets, un établissement où il était généralement aimé; il arrive à Montpellier, et voit le Professeur aux vœux duquel il avait cédé, et qui le demandait avec tant d'instances; celui-ci explique au jeune savant le plan qu'il aurait à développer dans ses Cours : ce plan consistait à suivre fidèlement les principes, à répéter exactement les expressions du Professeur qui l'avait appelé;

---

après avoir professé, pendant huit ans, produit beaucoup d'ouvrages, être d'une infinité de Sociétés savantes; comment l'a-t-il destitué et l'a-t-il renvoyé dans des fonctions subalternes ?

(1) Ces Lettres, ainsi que beaucoup d'autres non moins remarquables, sont en original entre mes mains, et je puis les communiquer à ceux qui auraient intérêt à les voir.

à se rendre, en quelque sorte, l'écho servile de ses Discours. Le jeune *Draparnaud*, déjà connu par tant de succès, ne put avoir cet excès de condescendance. « Je ne peux pas, dit-il au Chimiste de Montpellier, » je ne peux pas répéter tes phrases ; mais la vérité » n'est qu'une, comme je crois qu'il n'y a qu'une » Chimie : tu suivras ta manière, et j'aurai la mienne ; » tu dirigeras, comme tu l'as déjà fait, tes Leçons vers » les Arts et la Médecine, et moi vers l'Histoire Na» turelle et la Médecine ». Le Professeur de Montpellier se tait, écrit au Comité d'instruction publique, qu'il se passera d'adjoint ; et *Draparnaud*, qui n'avait quitté Sorèze, que pour céder à ses pressantes invitations, se trouve sans place !

Cette place d'adjoint était cependant nécessaire à l'enseignement, puisqu'elle fut donnée quelque tems après, *par l'influence du même Professeur*, à M. *Virenque*, Conservateur des collections de l'École.

Ce procédé fut d'autant plus sensible à mon époux, que, dans ce moment, et après lui avoir fait quitter une place certaine, il le privait de moyens d'existence, également nécessaires à lui et à sa grand-mère.

Draparnaud en fut extrêmement affecté ; mais sa constance, son application, son amour excessif pour les sciences, lui procurèrent promptement les moyens de s'élever au-dessus de la mauvaise fortune.

De nouveaux Mémoires sur différentes branches de l'Histoire Naturelle, vinrent ajouter à sa réputation ; et plusieurs Compagnies savantes briguèrent, en quelque sorte, l'honneur de se l'associer.

Bientôt, au milieu des acclamations d'un public nombreux et éclairé, il emporte au concours la place de Professeur de Grammaire générale à l'École Centrale de l'Hérault; et, peu de jours après, l'Administration du même Département le choisit pour faire l'inspection du cabinet de Physique de la ci-devant Province de Languedoc.

Ce jeune et ardent ami des sciences ajoutait chaque jour à leurs progrès. Ce n'est pas ici le moment de parler de ses nombreux et intéressans ouvrages : je me réserve de les faire connaître par une notice séparée. Mais je ne puis taire une circonstance particulière, et qui fait voir combien il portait de profondeur et d'attention dans ses travaux. Le Ministre *Quinette*, ayant demandé à tous les Professeurs de Grammaire générale le plan de leurs Cours, mon mari envoya le sien ; et le 22 ventôse an 8, M. *Lucien Bonaparte*, alors Ministre de l'intérieur, lui écrivit : « que son Discours » était le meilleur programme qui eût été soumis à » l'examen du Conseil d'instruction publique ; qu'il » l'avait présenté à l'Institut National comme un travail » digne de l'attention générale, et qu'il l'invitait à exé- » cuter un ouvrage qui devait être fait d'après un si » beau plan ».

Cet ouvrage, que hâtait le vœu de ce Ministre éclairé, est sorti de la plume de mon mari. Il est encore inédit ; mais il paraîtra incessamment avec tous ceux qui n'ont pas encore vu le jour. Selon toutes les apparences, le traité des Conferves, auquel un grand ami de mon mari (M. *Bory de St-Vincent*) met la dernière main, succédera dans peu à l'histoire naturelle des Molusques.

Au commencement de l'an 9, le Jury d'instruction publique de l'Hérault le nomme à la place de Professeur d'Histoire Naturelle de l'École Centrale. Quelques mois après, le Préfet du même Département lui confie la direction de la pépinière départementale, et la Société des Sciences de Montpellier le charge de la rédaction du bulletin qu'elle est dans l'usage de publier.

Tant de distinctions annonçaient, j'ose le dire, combien mon mari était zélé dans ses recherches, profond et heureux dans ses observations : elles étaient une preuve certaine de l'estime que les Savans portaient à ses talens et à sa personne. En effet, n'était-il pas déjà parvenu au plus haut degré de réputation qu'un homme aussi jeune encore pût espérer !

A cette époque, recherchée par M. *Draparnaud*, ami de mon père, Professeur à l'École de Médecine de Montpellier, nos familles se trouvant amies, ma respectable mère, *Claire Arnaud*, prenant intérêt à notre union, mon sort fut lié à celui de ce jeune et illustre Savant. Je devins son épouse; mais notre bonheur ne fut pas de longue durée.

Quelque tems après, mon frère, Docteur en Médecine de l'École de Montpellier, ayant éprouvé une injustice criante qui révolta tous les Citoyens de cette Ville, mon mari qui partageait toutes nos peines, partit sur le champ pour Paris, afin d'obtenir la justice éclatante que réclamait l'oppression de son beau-frère. La bonté de la cause qu'il avait à soutenir, la force de son caractère, sa réputation le firent accueillir de toutes parts; et le Ministre d'alors (1), pénétré en apparence de ce noble dévouement (2), lui offrit la place de Conservateur à l'École de Médecine de Montpellier, avec

---

(1) C'était le Professeur titulaire de Chimie de l'École de Montpellier.

(2) Je vois, disait le Ministre à mon mari, « je vois qu'on m'a » trompé et que j'ai été trop loin à l'égard de votre beau-frère : je ne » puis revenir sur ce qui est consommé; mais je réparerai, et bientôt, » le mal que je lui ai fait. » Mon frère cependant est encore à attendre l'effet de cette promesse.

le titre de Professeur d'Histoire Naturelle, et la direction d'une partie du Jardin des Plantes. Sans des avantages aussi grands, jamais mon mari n'eût consenti à quitter la célèbre École Centrale de ce Département, dans laquelle il ne comptait que de vrais amis et des admirateurs. Cette considération était bien capable de faire hésiter une ame aussi affectueuse que la sienne; mais son ascendant l'emportait : il était dans sa destinée, que les afflictions les plus amères lui vinssent de la même main !.....

Cependant, comment cet infortuné aurait-il pu prévoir le sort qui l'attendait? L'homme puissant qui l'avait enlevé à d'intéressantes fonctions pour lui en faire accepter de plus fortunées et de plus brillantes, semblait ne pouvoir assez le combler d'attentions et de faveurs. Plus ami que Ministre à son égard, il mettait tout en usage; il employait toutes les prévenances et tous les moyens, pour lui faire oublier les peines qu'il lui avait précédemment causées (1).

Après avoir visité tout ce que Paris offre d'instructif et de curieux; après avoir obtenu, à la demande du Ministre, de l'Administration du Jardin des Plantes, tous les végétaux nécessaires pour compléter les plantations du Jardin de l'École de Médecine de Montpellier,

---

(1) M. *Chaptal* montra, à mon mari, des lettres de divers Professeurs contre mon frère et contre lui. Il lui en montra une surtout de M. *Dumas*, Professeur, qui était alors à Paris, et qui se disait l'ami chaud de mon époux et de mon père. Quel ami, que ce M. *Dumas*!.. Mais quel homme public que ce Ministre, qui au lieu d'appaiser les dissentions, les attise par des communications indiscrètes, divise cruellement les Professeurs d'une École, pour se plaindre, ensuite, de leur division, et peut-être pour punir les résultats d'une haine qu'il a allumée et portée à son comble !....

mon époux repartit pour cette dernière Ville, où il fut reçu avec acclamation par la plupart des Professeurs, et surtout par les Élèves de l'École célèbre dont elle s'honore.

Ce fut au milieu des vives jouissances que tant d'honneurs et de succès lui faisaient goûter, qu'il devint père! Il serait difficile de peindre l'excès de sa joie et de notre bonheur! Combien la naissance de cet enfant resserra nos liens et notre amour! Hélas! aurais-je pu prévoir qu'une si tendre union touchait au moment de se dissoudre? Qu'un deuil éternel devait succéder à une joie si douce et si pure? Que de profondes et lugubres ténèbres allaient couvrir mon existence, la flétrir et l'empoisonner?.....

Peu de tems après cet heureux événement, le bruit commença à se répandre qu'un nouveau réglement allait changer les formes depuis peu établies dans les Écoles de Médecine. En effet, ce réglement parut bientôt; il ôtait l'administration et la surveillance du Jardin de Botanique à l'École de Médecine; et ce fut M. *Auguste Broussonet*, parent du Ministre et nouvellement arrivé à Paris, qui en fut déclaré Directeur et Administrateur! Mon mari, ce jeune homme d'un mérite si prématuré, l'auteur de tant d'ouvrages distingués, cet objet d'une si grande et si juste espérance, est rejeté dans des fonctions inférieures; et la place de Professeur qu'il remplissait avec tant de supériorité et d'éclat, est encore donnée à ce même M. *Broussonet*, dont l'aptitude pour l'enseignement était à peine connue.

Mon mari ne put d'abord ajouter foi aux premiers bruits qui se répandirent de ce nouveau réglement. Comment pouvait-il y croire? Il venait tout récemment de recevoir du Ministre même la lettre la plus obligeante, la plus affectueuse et la plus faite pour éloigner de son esprit jusqu'à la moindre crainte d'un pareil changement. Son ame élevée et franche pouvait-elle supposer que le Ministre ne l'eût ainsi *honoré un an auparavant*, qu'afin de parer une victime, et de rendre sa chute affreuse en le précipitant de plus haut ? *C'est ainsi qu'autrefois les Albaniens nourrissaient pendant un an, des mets les plus exquis, la victime humaine qu'ils devaient percer de leurs flèches cruelles* (1).

Ce doute consolateur ne put se prolonger long-tems ; et ce fut au milieu de ses Élèves et de ses nombreux Admirateurs ; ce fut sur le théâtre même de sa gloire, qu'il apprit, d'une manière trop certaine, l'ordre funeste qui le lui fermait pour jamais.

Écrasé comme par la foudre, mon infortuné mari reste muet de douleur et d'anéantissement ; mais bientôt réveillé comme d'un songe, l'état le plus violent succède à ce morne silence. On ne peut avoir une juste idée de sa cruelle situation, qu'en lisant les deux lettres qu'il écrivit de son lit à celui qui en était l'auteur.

Première lettre en date du 5 vendémiaire an 12.

CITOYEN MINISTRE,

» Par votre lettre du 14 prairial dernier, vous m'a-» viez promis, dans les termes les plus affectueux, que » ma place me serait conservée dans la nouvelle orga-

(1) *Demeunier*, Esprit des usages et des coutumes des différens Peuples, tom. 3, liv. 16, chap. 5.

» nisation que l'on préparait aux Écoles de Médecine.
» Par le réglement nouveau que nous venons de recevoir, je vois qu'il n'y a que le nom de conservé.
» Dans mon ancienne place, j'avais le titre, le rang, les fonctions, les prérogatives, le traitement des Professeurs; dans ma nouvelle, je n'ai absolument rien de tout cela, et mes fonctions sont purement secondaires. Bien plus, il y a un article du réglement qui m'exclut formellement des délibérations et des examens. Quant à mes appointemens, on dit qu'ils seront de 2000 livres, c'est-à-dire, les mêmes que ceux du Jardinier. Vous sentez donc, d'après cela, que je ne puis accepter une place si peu honorable et qui n'est point faite pour moi; je ne puis décemment demeurer comme subalterne dans une École, où j'étais Professeur. Je vous prie donc de vouloir bien accepter ma démission; *et ce sera réellement le plus grand bienfait que j'aurai reçu de vous dans ma vie.*

» Je n'ai que trente-un ans, et j'ai neuf ans de Professorat; j'ai publié une trentaine de mémoires sur l'Histoire Naturelle ou la Physique; j'ai donné séparément quatre opuscules, qui ont été favorablement reçus par les Savans Français et Étrangers, et dont plusieurs ont été traduits. J'ai adressé plusieurs fois à l'Institut des mémoires qui ont excité quelqu'intérêt, ainsi que vous me l'avez écrit vous-même. Vous savez tout ce que j'ai fait pour le Jardin de l'École de Médecine, qui était dans le plus grand délabrement, et que je l'ai enrichi de plus de huit cents plantes (1).

---

(1) M. *Broussonet* a publié tout récemment le catalogue des plantes de ce jardin. Il y parle avec complaisance de tous ceux qui ont donné des soins à son rétablissement; mais il ne dit pas un mot de mon mari.

» Eh bien ! après douze années de travaux utiles, je » me trouve au point d'où je suis parti, lorsque je » sortis des prisons où m'avait jeté la tyrannie révo- » lutionnaire ; c'est-à-dire, qu'à présent comme alors, » je me trouve sans place, sans ressource et à la » merci de la fortune. Il y a cependant cette diffé- » rence, c'est qu'alors j'étais seul et célibataire, et » qu'aujourd'hui j'ai une épouse et un fils. Je vous » invite à vous peindre ma position ; *et quoique je* » *ne sois pas votre parent*, la justice retentira au » fond de votre ame. Ce dernier mot doit vous faire » deviner *que je n'ignore pas à qui l'on me sacrifie.* » Ici même la voix publique s'en explique assez clai- » rement ; mais je me hâte de terminer ma lettre, et » je vous salue respectueusement, signé *Draparnaud.*

P. S. « Je vous écris de mon lit ; les nouveaux ré- » glemens m'ont frappé comme la foudre. Mon corps » n'a pas la vigueur de mon ame, et ne sait pas, comme » elle, supporter le malheur ».

Le Ministre étant demeuré trente-cinq jours sans faire de réponse, et les souffrances de mon mari s'accroissant par cet état d'anxiété et d'incertitude, il adressa encore la lettre suivante.

Montpellier, ce 11 *brumaire an* 12.

CITOYEN MINISTRE,

» J'eus l'honneur de vous écrire le 5 vendémiaire » dernier, pour vous demander ma démission de la » place de Conservateur. Depuis cette époque, ni » l'École, ni moi, n'avons reçu de réponse. Je vous » la demande donc une seconde fois, et j'ose espérer

» que ce ne sera pas infructueusement. Vous devez » sentir vous-même que je ne puis demeurer comme » subalterne dans une École où j'étais Professeur, et » qu'il vaut mieux pour moi d'être supprimé qu'a- » vili (1) ».

» L'année passée, M. *Chaptal* portait mes faibles » talens dans les nues..... Il écrivait pour moi à » l'École les lettres les plus fortes et les plus flatteuses ; » il prenait en ma faveur l'arrêté le plus honorable ; » enfin, il mettait sous ma direction particulière une » partie du Jardin de Botanique et le Jardin dit de la » Reine. Cette année, il m'a chassé de ces mêmes Jar- » dins qu'il m'avait confiés ; il a supprimé ma place » de Professeur d'Histoire Naturelle ; il a organisé la » place de Conservateur, de manière à ce que je ne » puisse *honorablement* l'accepter (2). Il m'a mis pres- » qu'aux gages de l'École, puisque c'est elle qui doit » fixer mes appointemens ; quelle peut être la cause » d'une conduite si différente ? C'est qu'il est arrivé » des Canaries un homme qui a absorbé toute la bien- » veillance, toutes les pensées du Ministre de l'inté- » rieur ; un homme qui n'a pas craint de me sacri- » fier entièrement à ses propres intérêts, et de con- » sommer mon malheur et celui de ma famille. ....., » et cela dans un moment où, en annonçant dans

---

(1) Croirait-on qu'un domestique de ce même Ministre, homme ne sachant pas signer son nom, mais honnête d'ailleurs, occupe dans l'École une place d'aide-Chimiste, aux appointemens de 2000 livres ; et des Professeurs du plus grand mérite ont été renvoyés sans pain.

(2) On ne doutera plus que cet acte n'ait été fait que pour sacrifier mon mari, lorsqu'on saura que les Conservateurs des Écoles de Médecine de Paris et de Strasbourg, ont continué à être Professeurs, comme ils l'étaient dans les trois Écoles, en vertu de la loi du 14 frimaire an 4,

» les journaux l'ouvrage de mon ami *Bory de St.-*
» *Vincent*, sur les Canaries, je m'exprimais sur le
» compte de M. *Auguste Broussonet* dans les termes
» les plus honorables. Le Ministre a sanctionné l'ou-
» vrage de l'immoralité et de l'intrigue ; mais le public
» n'a pas sanctionné de son approbation cet acte d'in-
» justice, de bassesse et d'improbité.

» Il y avait un moyen de réparer la manière dont
» j'étais traité par les nouveaux réglemens..... N'avez-
» vous pas créé pour M. *Durand* la place de Conser-
» vateur de Botanique ? Vous pouviez aussi créer pour
» moi la place de Professeur adjoint de Botanique.
» J'aurais eu le rang, les prérogatives des Professeurs ;
» j'aurais assisté de droit aux Assemblées avec voix dé-
» libérative, etc. ; et même, si vous eussiez voulu,
» mes fonctions auraient été de professer les deux
» autres parties d'Histoire Naturelle. Enfin, mes ap-
» pointemens auraient été de 3000 francs : cette somme,
» quoique modique, m'aurait suffi pour l'entretien de
» ma famille, et même pour les petites dépenses qu'en-
» traîne toujours avec soi la culture des sciences. Je
» m'aperçois que je viens de faire un rêve consola-
» teur.... qui n'aura jamais de réalité. Mais ce qui n'est
» point un rêve, c'est le coup terrible que vient de
» me porter un Ministre que je regardais, et que tout
» le monde regardait avec moi, comme mon protec-
» teur, mon ami, mon mécène et mon appui. Salut et
» respect, signé *Draparnaud* ».

Dans ces momens de crise et de douleur, je lui restais pour consolation ; mais j'étais mère et nourrice : accablée moi-même du sentiment de ses maux, ma santé s'affaiblit, mon lait dégénère et notre enfant éprouve un bouleversement si terrible, qu'à la suite de violentes convulsions, il expire dans mes bras à la vue de son triste père..... Parens malheureux, vous seuls pouvez apprécier l'horreur de notre situation !

Dans la nuit qui suivit cette mort, mon malheureux époux éprouva des accidens extraordinaires ; son état, déjà très-dangereux, devint encore plus alarmant. Mon père, mon bon père, profondément affligé de tant de malheurs, soulevé par ce tableau déchirant, et fondant en larmes, écrit à notre insu au Ministre de l'intérieur; il invoque sa justice, son humanité, et cette lettre reste sans réponse.

Mon époux, épuisé par tant de secousses, avait sans cesse présent à l'esprit et son injuste suppression, et la douleur qui me dévore, et la mort de son fils, et l'instant d'une séparation éternelle ; il ne sort plus, il n'agit plus ; et s'il respire encore, c'est pour s'éteindre insensiblement et rendre entre mes bras le dernier soupir !

Homme opiniâtre et inhumain ! Voilà votre ouvrage !

Par vous, j'ai perdu mon fils et mon époux ! Mon frère porte le poids de votre injustice ; mon père est menacé de votre ressentiment, et je sais combien il est implacable ! Par quelle infortune inconcevable fallut-il que le sort nous rejetât sous une si désastreuse influence ? Et que vous fissiez servir à nos malheurs le pouvoir presque sans bornes dont vous étiez revêtu : ce pouvoir qui vous fut confié pour les progrès de l'instruction, et non pour écraser ceux qui en faisaient la gloire ?

Ainsi s'est terminée la vie de cet illustre et malheureux jeune homme : ainsi, par une destinée funeste, les plus beaux dons de l'ame, les plus rares qualités de l'esprit, loin de prolonger une carrière si belle, en ont accéléré et précipité le terme ! Et moi, la compagne de son sort et maintenant seule dans le désert de la vie, infortunée, que puis-je espérer ? Mon mari n'est plus, une barrière éternelle s'est élevée entre lui et moi; sa voix ne se fera plus entendre à mon cœur; je ne le reverrai jamais. O souvenir ! O douleur ! O vaines et impuissantes larmes !....

L'ouvrage dont cette notice est accompagnée, n'était pas terminé au moment de cette funeste mort; il l'a été, d'après la demande de mon époux mourant, par son plus fidèle et son premier ami M. *Clos*, célèbre Médecin à Sorèze. C'était le dernier vœu de cet infortuné : avec quel empressement et quel zèle il a été rempli ! Combien il m'est doux de payer à ce trait d'un attachement sincère, l'hommage d'une reconnaissance que je ne peux assez exprimer (1) !

Que ne dois-je pas encore aux bontés que m'ont témoignées les illustres Professeurs et Administrateurs du Muséum d'Histoire Naturelle et du Jardin des plantes de la Capitale ! A l'intérêt touchant qu'ils ont donné à la perte de mon mari ! Combien j'ai de grâces à leur rendre ! Puissent-ils accueillir avec indulgence la gratitude sincère d'une veuve éplorée, désormais vouée à la

(1) Je croirais manquer à l'un de mes devoirs, si je passais sous silence l'amitié honorable et si bien méritée que mon mari eut toujours pour MM. *Grateloup* et *Boirod* : le premier, étudiant en Médecine à Montpellier, avait si bien connu mon époux, qu'il était devenu pour lui l'objet des sentimens les plus affectueux. Le second, dans une épître dédicatoire adressée à ses mânes, s'est exprimé avec cette noblesse et cette force de sentiment que mon mari inspirait à tous ceux qui étaient à portée de l'apprécier.

plus amère douleur, et dont l'ame brisée par tant de pertes n'est plus accessible qu'aux sentimens qui les lui rappellent !

N.o 2.

Requête à M. le Conseiller d'État, Préfet de police de Paris, etc.

Paris, le 20 Germinal an 13.

A Monsieur le Conseiller d'État, Préfet de police, etc.

Monsieur le Conseiller,

J'étais au moment de faire paraître une notice sur la vie et les ouvrages de feu M. *Draparnaud*, mon mari, Professeur à l'École de Médecine de Montpellier. Elle doit être placée en tête d'un ouvrage posthume, relatif à des objets d'Histoire Naturelle, qui est imprimé et dont S. M. l'Impératrice Reine a bien voulu agréer la dédicace.

Cette notice ne renferme qu'un exposé très-succinct de sa laborieuse et honorable carrière; et si elle contient l'historique des événemens qui en ont si malheureusement précipité la fin, ces événemens y sont racontés avec des adoucissemens et une modération bien rares, j'ose le dire, et bien difficiles à concilier avec la position cruelle où ils m'ont réduite.

Avant de la mettre au jour, j'ai eu l'attention,

dans la crainte de laisser prendre trop d'essor à ma juste douleur, de la soumettre au jugement de personnes sages et des plus éclairées de la Capitale : elles en ont approuvé le contenu; et je croyais, d'après leur opinion, que rien ne pouvait en empêcher la publication.

Cependant, Monsieur le Conseiller, on vient de m'annoncer, dans vos bureaux, que je devais renoncer à la faire paraître, sans me donner aucun motif solide, et d'après lequel je puisse raisonnablement me dispenser de rendre à la mémoire d'un époux, jeune, illustre et si tôt moissonné, ce dernier et triste devoir.

Dans une telle occurrence, je ne puis, Monsieur le Conseiller, que réclamer votre équité connue, et vous demander l'audience particulière la plus prompte qu'il vous sera possible, afin d'éclairer votre justice, et d'en obtenir la cessation des obstacles que j'éprouve à ce sujet.

J'ai l'honneur d'être avec respect,

Monsieur le Conseiller,

Votre très-humble et très-obéissante servante.

SENEAUX, v.e DRAPARNAUD, signée.

N.o 3.

Ma fille, introduite à l'audience de M. le Conseiller d'État, Préfet de police, plaida sa cause avec courage, malgré sa grande timidité; mais voyant que le jugement n'était pas en sa faveur, elle lui présenta la pétition suivante, à laquelle M. le Conseiller-Préfet n'eut aucun égard.

Paris, le 25 Germinal an 13.

A Monsieur le Conseiller d'État du quatrième Arrondissement de la police générale de l'Empire, Préfet de police, Commandant de la Légion d'honneur, etc.

MONSIEUR LE CONSEILLER-PRÉFET,

J'éprouve auprès de vous des obstacles à la publication d'une notice, qui doit être placée à la tête d'un ouvrage posthume de mon époux : j'ignore quel peut être le motif de ces obstacles. *Mon adversaire ne jouit devant la loi d'aucun privilége particulier qui l'isole de la classe des autres Citoyens*; et quand je reste là pour répondre des faits que cette notice contient, il n'a certainement pas le droit d'en réclamer la prohibition.

On m'assure dans vos bureaux, Monsieur le Conseiller, que mon intérêt exige que je fasse le sacrifice de cet ouvrage, que je ne puis le publier sans m'exposer à déplaire au Chef suprême de l'État.... Mais je croirais calomnier sa grande ame, en osant supposer qu'il improuve ma juste sensibilité : lui qui connaît si bien le cœur humain et les devoirs d'un Ministre.

On m'y propose aussi de recourir directement à la justice de l'Empereur Roi.... Mais qu'y gagnerait mon adversaire ? Pense-t-il que l'opinion de ce grand homme puisse différer de l'opinion publique, sur des vexations dont les résultats ont été si funestes ? Et ne devrait-il pas me savoir gré d'être assez généreuse, pour me borner au simple exposé des faits, sans demander ni dommages, ni réparations ?

Monsieur le Conseiller-Préfet, je suis persuadée qu'aucune raison solide ne peut empêcher mon ouvrage de paraître. Vous êtes le fléau des oppresseurs, l'appui des opprimés et l'organe de la justice. Je m'abandonne avec confiance à l'équité de votre décision.

J'ai l'honneur d'être avec un très-profond respect,

de M. le Conseiller,

La très-humble et très-obéissante servante.

SENEAUX, v.e DRAPARNAUD.

N.o 4.

A son Excellence Monseigneur le Ministre de la police générale, etc.

MONSEIGNEUR,

Feu M. *Draparnaud*, mon époux, Professeur à l'École de Médecine de Montpellier, ayant laissé en mourant plusieurs ouvrages relatifs à l'Histoire Naturelle, je viens d'en livrer un à l'impression, et je l'ai accompagné d'une notice, dans laquelle j'ai développé l'historique de ses travaux et les causes de sa mort.

Je me suis exactement renfermée, en écrivant cette notice, dans le simple exposé des faits; et j'ai contenu, autant qu'il m'a été possible, la juste et profonde douleur, dont les vexations cruelles qui me l'ont ravi, ont pénétré mon ame.

Mais l'auteur de ces vexations, alarmé de la publicité que j'allais donner à cet ouvrage, a intéressé en sa faveur M. le Conseiller-Préfet de police de Paris, qui en a hautement désapprouvé l'impression, et qui, moi présente, a donné les ordres les plus sévères pour empêcher qu'elle eût lieu.

Comme il est d'usage d'accompagner les ouvrages des hommes célèbres, de l'historique de leurs travaux, et qu'il n'existe aucune loi qui le défende : il est évident, Monseigneur, que M. le Préfet de police de Paris a excédé à mon égard la limite de ses pouvoirs.

Je me présente donc à votre Excellence ; je lui soumets

avec confiance et respect la notice en question : elle y verra si je suis sortie des bornes de la modération la plus louable ; si une mère et une épouse qu'un homme que je m'abstiens de qualifier a privé de son enfant et de son époux, pouvait employer un langage plus indulgent et moins défavorable.

J'espère, Monseigneur, que convaincu par vous-même de cette vérité, vous voudrez bien m'honorer de votre appui., et faire cesser les obstacles que l'on oppose à la publication de cet ouvrage.

J'ai l'honneur d'être avec un respect profond,

Monseigneur,

Votre très-humble et très-obéissante servante.

SENEAUX, v.e DRAPARNAUD.

Paris, le 26 *Germinal an* 13.

N.o 5.

A Messieurs les Membres du Sénat, composant la Commission de la liberté de la presse.

MESSIEURS,

Je viens d'écrire une notice sur la vie et les travaux de feu M. *Draparnaud*, mon époux, Professeur à l'École de Médecine de Montpellier, pour être placée en tête de l'un des ouvrages inédits qu'il a laissés en mourant.

En rendant compte des succès de ce jeune savant et

des causes de sa mort prématurée, je me suis bornée au simple exposé des faits; et j'ai imposé silence, autant qu'il m'a été possible, aux mouvemens de mon indignation et de ma profonde douleur.

Mais l'auteur de la perte de mon mari, redoutant que les vexations odieuses qu'il a exercées envers lui, ne vinssent à la connaissance du public, a fait intervenir en sa faveur le Préfet de police, qui, en improuvant la publication de cette notice, en a ordonné, moi présente, la prohibition.

Je me suis adressée ensuite au Ministre de la police générale, et je n'ai pas été plus heureuse : il est à remarquer que ni l'un, ni l'autre n'ont voulu donner par écrit les motifs de leur improbation.

Il est d'usage cependant, Messieurs, de faire précéder les ouvrages des morts célèbres, de l'historique de leur vie : aucune loi ne le défend, et j'espère ne pas être privée d'une faculté qui n'est interdite à personne.

Je viens donc auprès de ceux, à qui la Constitution confie le dépôt sacré des lois ; je réclame leur intervention et leur appui, pour effectuer la publication de cet ouvrage.

C'est à vous, Messieurs, c'est à votre institution salutaire, qu'il appartient de maintenir dans toute son intégrité l'exercice d'un droit précieux (la publicité), le seul frein que l'innocent opprimé puisse opposer au puissant coupable; et j'attends le résultat de votre examen avec autant de confiance que de respect.

J'ai l'honneur d'être avec ces sentimens,

Messieurs, Votre très-humble et très-obéissante servante.

SENEAUX, v.e DRAPARNAUD.

Paris, le 1.er Floréal an 13.

P. S. J'ai l'honneur de joindre ici un exemplaire de la notice en question, les première et deuxième lettres que j'ai écrites à M. le Conseiller d'État, Préfet de police, et la pétition que j'ai adressée à son Excellence Monseigneur le Ministre de la police de la France.

N.o 6.

A Monsieur le Sénateur, présidant la Commission de la liberté de la presse.

Monsieur le Président,

L'on ne cesse de me dire qu'un ex-Ministre, qui a été revêtu de grands pouvoirs, a eu le droit : 1.o d'agir envers les Citoyens comme il lui a plu, qu'il n'est comptable de ses actions qu'au Chef suprême de l'État; 2.o et que si celui-ci est content de son Ministère, tout le monde doit se taire; 3.o que dans un Gouvernement nouveau, il n'est pas convenable d'attaquer la conduite des Ministres; qu'il faut, au contraire, la soutenir et la revêtir de la confiance publique, etc. etc. : et de là on conclut que ma notice ne doit pas être imprimée.

Mais il est très-facile de réfuter de pareils sophismes : 1.o parce qu'un Ministre est comptable de ses actions, non-seulement envers le Chef suprême de l'État, mais encore envers ses administrés; et que si un administré n'a pas le droit de le poursuivre, il doit avoir tout au moins le droit naturel de se plaindre : et c'est à quoi je me suis bornée.

2.o Le Chef suprême de la Nation peut avoir été content d'un Ministre, tant qu'il n'a connu de lui que de bonnes actions; mais si par cette liberté naturelle qu'ont les sujets de se plaindre, ils parviennent à le détromper, à éclairer sa religion, le Chef qui est le père commun de tous, lui retire ses pouvoirs et répare, autant qu'il est en lui, les malheurs qu'il a causés : il est donc necessaire, il est donc utile que la faculté de se plaindre ne soit pas interdite aux opprimés, et que l'on puisse mettre au grand jour la conduite d'un Ministre.

3.° Nos lois n'ont pas dit qu'un Ministre fût sacré. Et le fût-il, mon adversaire n'est plus Ministre.

4.° De ce qu'un Gouvernement est nouveau, il n'en est pas moins affermi, quand il a pour base, comme celui-ci, de grands bienfaits, des actions immortelles; et c'est entrer dans les intérêts de ce Gouvernement, que de dévoiler la conduite de ceux qui feraient mal juger de ses intentions si elles étaient moins connues.

Quoi, Monsieur le Président! Un Ministre impitoyable persécutera cruellement *une famille toute dévouée au Gouvernement, et elle n'aura pas la faculté de se plaindre?* Et l'on me fera croire que je n'ai pas le droit de le livrer à l'opinion? Que la grande ame du Chef suprême de l'État pourrait s'indigner de toute autre chose, que de cette conduite coupable qui tendrait à lui aliéner la confiance et à éloigner de lui tous les cœurs!....

J'ai dit que ma famille est dévouée au Gouvernement. Jugez-en, Monsieur, par vous-même : trois de mes grands oncles ont gagné la vétérance dans les Armées Françaises; trois frères de mon père ont aussi servi, et l'un d'eux tout couvert de blessures (Vétéran) la sert encore. Un oncle, à la mode de Bretagne, tout couvert de cicatrices, a la pension de retraite : mon père, Professeur depuis dix-neuf ans, a servi dans l'Armée des Pyrénées Orientales en qualité d'Officier de santé en chef des Hôpitaux jusqu'à la paix, et fait aujourd'hui gratuitement le service des Hôpitaux civils et militaires ; mon frère aîné, si indignement traité par ce même Ministre, a servi également jusqu'à la paix dans les Armées d'Espagne et d'Italie ; et enfin mon second frère, Capitaine au dix-huitième Régiment d'infanterie légère, a été grièvement blessé, et eut un cheval tué à la bataille de Maringo.... Et c'est sur une pareille famille, Monsieur le Président, qu'un tel Ministre a répandu le trouble et la désolation : c'est elle qu'il a livré à des regrets éternels et à la plus amère douleur !

Et il ne nous serait pas permis de nous plaindre !..... De faire voir que mon mari a été supprimé injustement !..... Où sont donc les titres de mon adversaire ? Monsieur, que peut-il donc invoquer en sa faveur ?..... Si c'est la vérité, si c'est la justice, si c'est l'opinion publique, il peut parler : les Tribunaux, organes inflexibles des lois, sont là pour le protéger et pour m'accabler de leur animadversion, si mon exposé n'est pas en tout modéré, loyal, sincère.... Daignez, Monsieur le Président, mettre sous les yeux de l'illustre Commission que vous présidez, mes titres à sa profonde émotion, à sa bienveillance. Elle se rappellera que les hommes courageux doivent de la rigueur aux méchans, de la compassion aux faibles, et le plus inébranlable appui aux innocens que la perversité opprime.

Je demande que la faculté de livrer au jour la notice de la vie et des travaux de mon mari me soit conservée.

Je suis avec un profond respect,

Monsieur le Président,

Votre très-humble et très-obéissante servante.

SENEAUX, v.e DRAPARNAUD.

Paris, le 3 *Floréal an* 13.

N.o 7.

Lettre à Monsieur Chaptal, *alors Ministre.*

Citoyen Ministre,

» L'article 30, du titre 5 de la loi du 19 ventôse » dernier, dit : outre l'instruction donnée dans les » Écoles de Médecine, il sera établi dans l'Hospice le » plus fréquenté de chaque Département, un Cours » annuel et gratuit d'Accouchemens théorique et pra- » tique, destiné particulièrement à l'instruction des » Sages-Femmes.

» Cet article établit donc qu'il y aura deux sortes » de Chaires d'Accouchemens : l'une destinée à l'ins- » truction des Élèves de l'École de Médecine, qui doi- » vent nécessairement connaître cette branche essen- » tielle de la Médecine, puisque c'est des Docteurs » de l'École, qu'on tirera, sans doute, les Professeurs » pour les Départemens; l'autre pour les Sages-Femmes, » et celle-ci sera une place qui ne tiendra point à » l'École de Médecine, et qu'on pourra établir dans » tous les Départemens. Il paraît que vous l'avez pensé » ainsi vous-même, Citoyen Ministre, puisque dans » les nouveaux réglemens que vous venez de donner » à l'École, vous avez mis l'art des Accouchemens, » au nombre des branches de l'enseignement médical, » et que j'y suis désigné pour le professer.

» Cependant, dans le même réglement, il y a un » article un peu louche, *et dont pourraient abuser les*

» *hommes qui voudraient me nuire.* Cet article est l'ar-
» ticle 5 du chapitre II, qui dit : » que les Cours de
» Clinique se font dans l'Hospice, dit Hôtel-Dieu.
» L'heure en est subordonnée au service des Hospices.
» On fera en sorte que ces heures ne coïncident pas
» avec celles des Cours ci-dessus..... Le Cours d'accou-
» chemens se fait dans le même Hospice, conformément
» à l'article XXX, titre V, de la loi du 19 ventôse an 11.

» La première partie du deuxième § m'assimile
» aux Professeurs de Clinique, et me considère donc
» comme Professeur d'Accouchemens à l'École de Mé-
» decine ; mais la seconde m'assimilerait au Professeur
» d'Accouchemens du Département, puisqu'elle ren-
» voie à un article de la loi qui ne concerne que le
» Professeur. »

» C'est, sans doute, une légère inexactitude de ré-
» daction, à moins qu'on n'ait voulu indiquer, par-là,
» qu'il n'y aurait pas à Montpellier, auprès de l'École
» de Médecine, de Professeur Départemental d'Accou-
» chemens, et que les Sages-Femmes iraient s'instruire
» au Cours théorique et pratique de l'École de Mé-
» decine, comme elles l'ont fait jusqu'à présent. J'ai
» cru devoir vous écrire à ce sujet, *parce qu'il m'in-
» téresse très-particulièrement, et qu'il pourrait, comme
» je l'ai déjà dit, servir d'instrument à quiconque vou-
» drait m'éliminer de l'École.* Salut et respect SENEAUX,
» signé ».

Montpellier, le 27 Brumaire an 12 de la République.

» *Nota.* Vous connaissez mon zèle, je n'ai pas besoin
» de vous dire que j'ai fait tous les ans jusqu'à 115
» leçons sur les Accouchemens, les Maladies des femmes
» et l'Éducation physique des enfans, *et que je n'ai*

» *jamais prêché dans le Désert*; que j'ai constamment » remplacé mes collègues à la Clinique externe et au » Cours de Médecine opérante, pour causes de mala» dies ou autrement; que je fais presque toujours la » visite de l'Hospice vénérien, depuis qu'il est des» servi par les Professeurs de l'École ».

N.o 8.

Le Ministre de l'Intérieur à M. Seneaux, *Professeur à l'École de Médecine de Montpellier.*

» Vous pouvez, sans difficulté, Monsieur, reprendre » *le titre de Professeur d'Accouchemens, Maladies des* » *femmes et Éducation physique des enfans*, dont » vous avez toujours joui à l'École de Montpellier, » et qui par inattention n'avait pas été exprimé avec » cette étendue dans le réglement du 22 fructidor de » l'an 11 : cette qualification doit également vous être » rendue dans les actes d'administration, qui éma» nent de l'École, puisqu'elle caractérise la Chaire qui » vous est confiée.

J'ai l'honneur de vous saluer,

CHAMPAGNY, signé.

N.º 9.

Paris, le 17 Vendémiaire an 14.

Le Secrétaire-Général du Ministère de l'intérieur, à Monsieur Seneaux, *rue Helvetius, Hôtel de Bourgogne, n.º* 79, *à Paris.*

» Je regrette, Monsieur, qu'un mot mal interprété » ait pu vous faire de la peine et vous donner des » craintes. Vous savez l'intérêt sincère que j'ai pris à » vos malheurs : je pensais seulement que la juste con- » fiance en l'équité et la bonté du Ministre, vous » aurait fait croire que votre absence, ici, n'était pas » nécessaire au succès de vos réclamations. Il est trop » éclairé et a des sentimens trop délicats, pour qu'il » ait besoin d'être sollicité, et quand il s'agit de faire » *le bien, et pour donner accès à aucune prévention,* » *qui attaquerait un absent. Vous n'aurez jamais à re-* » *douter qu'il se laisse diriger par aucune influence* » *étrangère, et surtout par celle de la malveillance.*

J'ai l'honneur de vous saluer.

J. CH. DEGERANDO, signé.

N.o 10.

À l'Empereur et Roi.

Sire,

» Je vous demande justice, contre M. *Chaptal*, au
» nom d'une famille, dont dix-sept Membres ont
» servi ou servent l'État et votre Majesté, ont versé
» ou versent encore leur sang aux Armées.

» Cet homme, aussi acharné à détruire ma famille,
» qu'un Vautour à ronger sa proie, a, pour y par-
» venir, emprunté de toutes les passions, tout ce
» qu'elles ont d'odieux et de funeste. Il a destitué,
» injustement, mon frère aîné de la place qu'il occu-
» pait à l'École de Médecine de Montpellier, pour y
» mettre une de ses créatures; il a, pour favoriser
» un de ses parens, causé la mort à mon fils et à mon
» mari : (ce dernier, jeune homme de trente ans,
» Professeur illustre, l'espoir des sciences, l'honneur
» du Midi de la France) ; *enfin, cet homme implacable*
» *persécute encore mon père, dont il a juré la perte.*

» Voulant honorer la mémoire de l'infortuné *Drapar-*
» *naud*, mon époux, j'étais au moment de faire pa-
» raître une notice sur sa vie et sur ses productions;
» elle devait être placée en tête d'un ouvrage posthume,
» destiné à faire époque dans l'histoire des sciences
» naturelles.

» Cette notice ne renferme qu'un exposé très-suc-

» cinct de sa laborieuse et honorable carrière; et, si
» elle contient l'historique des événemens qui en ont
» si malheureusement précipité la fin, ces événemens
» y sont racontés avec des adoucissemens et une mo-
» dération bien rares, j'ose le dire, et bien difficiles
» à concilier avec la position cruelle où ils m'ont ré-
» duite.

» Mais M. *Chaptal*, auteur de la perte de mon mari,
» alarmé de la publicité que j'allais donner à cet ou-
» vrage, et continuant ses trames sourdes et ténébreuses,
» est parvenu à intéresser, en sa faveur, le Con-
» seiller d'État, Préfet de Police; et, malgré mes ré-
» clamations auprès du Ministre de la Police Géné-
» rale et auprès de la Commission Sénatoriale de la
» liberté de la Presse, dont la décision verbale fut
» que *mon adversaire ne jouissant d'aucun privilège*
» *d'inviolabilité, j'étais maîtresse, d'après les lois, de*
» *faire à cet égard ce qui me plairait*; j'ai eu la dou-
» leur de voir cette notice prohibée par le Conseiller
» d'État, Préfet de Police, qui de plus *a fait saisir*
» *partie de l'ouvrage* : l'exemplaire destiné à votre
» Majesté n'a pas même été respecté.

» Depuis, on n'a cessé d'étouffer jusqu'à mes plaintes,
» et de me fermer tous les moyens de parvenir aux
» pieds du Trône; on redoute, Sire, ce cri de la
» vérité que votre Majesté n'entendit jamais en vain.

» Je suis trop heureuse en ce jour, Sire, de pou-
» voir le faire entendre, persuadée que le rang que
» le destructeur de ma famille occupe dans l'État, ne
» sera pas un obstacle à la justice que je réclame.

» Vous la devez, Sire, cette justice à ma faiblesse,
» à mes malheurs, à ma qualité de veuve et d'hé-
» ritière de feu mon époux; vous la devez à sa mé-

» moire, au sang de mes oncles, à celui de mes frères » et de mes proches parens, si souvent versé dans les » combats pour la défense de l'État et de votre au- » guste personne.

» J'ai l'honneur de supplier votre Majesté, d'or- » donner que l'ouvrage qui m'a été saisi, en vertu d'un » acte arbitraire, me sera rendu, et que mon frère, » si injustement destitué, sera réintégré dans ses fonc- » tions.

Je suis avec le plus profond respect,

Sire,

De votre Majesté,

La très-humble et très-obéissante servante et sujette.

SENEAUX, V.e DRAPARNAUD.

N.o 11.

A sa Majesté l'Empereur et Roi.

SIRE,

» Un de vos anciens Ministres, M. *Chaptal,* abu- » sant de la confiance dont vous l'honoriez, a, par » esprit de vengeance et de jalousie, causé la mort à » mon neveu et à mon beau-frère; il a, en outre, » destitué mon frère aîné d'une place qu'il remplis- » sait honorablement à l'École de Médecine de Mont- » pellier : il va même, jusqu'à menacer mon père d'une » destitution.

» Il a profité de votre absence, Sire, pour faire
» prohiber une notice que ma sœur voulait publier sur
» la vie et la mort de son époux, et cela au mépris
» de votre Décret du 22 janvier 1806, qui déclare
» que la liberté de la Presse est la première con-
» quête du siècle.

» Cette notice historique met dans tout son jour la
» conduite de M. *Chaptal* et les résultats mortels qu'elle
» a produits; mais elle ne contient aucune expression
» injurieuse : la vérité parle seule; et puisque ma sœur
» en répondait, nul, d'après la loi émanée de votre
» Majesté, n'avait le droit de la saisir et de la sup-
» primer.

» L'attachement, le devoir m'ordonnent de sup-
» plier votre Majesté de faire droit aux justes récla-
» mations de mon frère et de ma sœur, et de vous
» prier, Sire, de les juger vous-même, dans la crainte
» que notre adversaire, par son adresse et ses calom-
» nies, ne parvienne, comme il l'a déjà fait, à sur-
» prendre la bonne foi de ceux que vous chargeriez
» de nous juger.

» Daignez autoriser ma sœur, à mettre au jour la
» notice, dont un exemplaire imprimé est ici joint
» à son mémoire; et vous rendrez, Sire, la paix à
» une famille, que tant de persécutions ont réduit au
» désespoir : particulièrement je me croirai acquitté,
» au-delà de ce que j'ose espérer de seize années de
» service, de mes campagnes et de mes blessures.

Je suis avec le plus profond respect,

Sire, De votre Majesté,

Le très-humble, très-obéissant et très-fidèle sujet,

Marc-Étienne SENEAUX,

Capitaine au 18.e Régiment d'Infanterie légère.

N.o 12.

Montpellier, le 24 Avril 1807.

A son Excellence Monseigneur de Champagny, Ministre de l'intérieur, etc.

MONSEIGNEUR,

» M. le Préfet du Département de l'Hérault vient » de me transmettre copie du Décret impérial rendu » au Camp d'Osterode le 28 mars dernier, qui change » l'organisation de l'École de Médecine en ce qui con- » cerne le Cours d'Accouchemens, faisant partie de la » Chaire que j'avais à occuper dans cette École.

» Ce Décret, Monseigneur, paraît avoir besoin de » quelques explications, que j'ai l'honneur de demander » à votre Excellence. Le Cours d'Accouchemens doit » avoir lieu à l'Hospice; le Professeur jouit, sur les » fonds de l'École, d'un traitement fixe de six mille » francs, au moyen duquel il n'a plus droit à aucune » rétribution éventuelle; *mais il n'en compte sans doute » pas moins dans l'École, comme les quatre Professeurs » de Clinique et celui de Botanique qui font leurs Cours » hors de l'École : sans doute il a, comme eux, les mêmes » droits d'assistance, les mêmes honneurs et privilè- » ges aux rétributions éventuelles près.* Si, contre toute » espérance, il en était autrement, cette nouvelle place, » Monseigneur, serait un exil bien prononcé de l'École. » Quels torts n'en éprouverais-je pas !.... Serait-ce là la » récompense des services que j'ai rendus à l'enseigne-

» ment par mon zèle à toujours remplir mes devoirs, » et bien souvent ceux de mes collègues ?.... Apparte- » nant à une famille qui compte dans son sein dix-sept » Militaires, après quarante ans d'études dans la Méde- » cine, trente-six ans de Pratique, plus de vingt ans » de Professorat, quinze ans de services gratuits dans » les Hôpitaux militaires ou civils, j'aurais la douleur » de me *voir rejeté du sein d'une École, dans laquelle* » *je suis l'un des trois plus anciens Professeurs* !.... Il » ne me resterait plus alors qu'à supplier votre Excel- » lence, de me faire passer à la Chaire vacante de » l'École par la mort du Directeur, ou à celle que » laissera le Professeur qui sera chargé de la Direction.

» En vous demandant, Monseigneur, cette explica- » tion importante pour moi, je me rappelle qu'en l'an » 13 vous daignâtes rectifier mon titre, que votre pré- » décesseur avait défiguré : ce qui me rendit l'égal des » Professeurs d'Accouchemens, Maladies des femmes » et Éducation physique des enfans des Écoles de Paris » et de Strasbourg, comme je l'étais auparavant par la » loi du 14 frimaire an 3.

» J'attendrai, Monseigneur, votre décision avec cette » impatience qui naît du doute que je me suis formé, » mais plein de sécurité dans la justice de votre Excel- » lence.

Je suis avec respect,

Monseigneur,

Votre très-humble et très-obéissant serviteur.

SENEAUX, Prof.r

N.o 13.

Montpellier, le 5 *Juin* 1807.

A son Excellence Monseigneur de Champagny, Ministre de l'intérieur.

Monseigneur,

M. le Préfet de l'Hérault m'a donné copie de la lettre que votre Excellence lui a écrit le 9 du mois dernier, en interprétation du Décret rendu, sur votre rapport, le 20 mars dernier; de laquelle il résulte « que le Cours » d'Accouchemens dans l'École de Médecine, se trou- » vant supprimé par l'article 2 du Décret, M. *Seneaux* » ne saurait donc continuer de jouir des droits atta- » chés à cette Chaire, qui ne fait plus partie de l'en- » seignement de l'École ».

Permettez-moi de vous demander, Monseigneur, si je tiens encore à l'École par les deux autres parties de mon *pensum*, c'est-à-dire, par les Maladies des femmes et par l'Éducation physique des enfans? Faites-moi la grace de m'expliquer encore comment il peut se faire que je sois chargé de faire un Cours théorique et pratique d'Accouchemens aux Élèves de l'École de Médecine, sans faire partie de l'enseignement de cette École?

Monseigneur, mes ennemis ont surpris votre religion, puisque vous avez cru devoir me rejeter du sein d'une École, où j'étais depuis si long-tems Professeur, *sans m'entendre, sans que les dénonces faites contre moi m'aient été communiquées.* Monseigneur, mes ennemis ont voulu vous faire participer au système de destruction, concerté depuis long-tems contre moi. J'ai l'honneur de vous observer qu'aucun Tribunal n'a jamais jugé personne sans l'avoir entendu. Eh! comment se fait-il que cette sage maxime émanée de la loi naturelle, confirmée par les lois de tous les Pays policés, et innée dans tous les cœurs, ne se soit pas fait entendre en ma faveur? Je me demande, à tous les instans du jour, comment un Ministre vénéré, dont l'ame noble et généreuse est étrangère à tous les mouvemens des passions et surtout de la haine, qui connaît les malheurs qui furent si injustement versés sur ma famille, ainsi que les pleurs qu'on lui fait répandre, a pu de la même main, le même jour, ôter la destitution injuste qui pesait sur la tête de mon fils aîné, et imprimer une flétrissure sur la mienne? La plume me tombe des mains!

Quoique, depuis mon retour de la Capitale, j'eusse été menacé de ce qui vient de m'arriver aujourd'hui, j'étais tranquille dans ma place, et je vivais dans une parfaite sécurité, n'ayant rien eu à démêler avec mes confrères, et menant une vie exempte de tout reproche : je me taisais même sur certaines injustices que l'on me faisait éprouver, lorsque j'ai été écrasé. Deux de mes enfans, remplis de sollicitude pour moi, et d'après les jactances de la famille *Chaptal*, ne partageant pas ma tranquillité, s'étaient adressés à Sa Majesté pour lui dire que j'étais menacé de destitution, ce à quoi elle avait daigné répondre : « *dites à* » *père d'être tranquille*; *M.* Chaptal *n'est plus Minis-* » *tre* »; je n'en ai pas moins été frappé.

Si j'ai des ennemis, Monseigneur, ils partent tous d'un seul point.... Ils auraient dû rester tranquilles;

louer ma retenue et mon silence (que je vais rompre par un Mémoire public) : alors j'oserai espérer de votre belle ame, de votre sensibilité naturelle et surtout de votre justice, que, quelle que soit la prévention qu'on ait pu lui suggérer contre moi, votre Excellence daignera me communiquer tous les motifs qui l'ont déterminée à me traiter d'une manière si terrible, et qu'elle n'entendra pas sans intérêt, non ma justification, parce que je ne suis coupable de rien, mais ce que j'ai à révéler sur la conduite de mes calomniateurs ; accoutumé à vivre plus d'honneur que d'argent, je n'imiterai pas leur exemple, et je n'agirai pas comme eux dans les ténèbres.

Je suis avec respect,

De votre Excellence,

Monseigneur,

Votre très-humble et très-obéissant serviteur.

SENEAUX, Prof.r

N.o 14.

Paris, *le* 19 *Juin* 1807.

Le Ministre de l'intérieur,

A Monsieur Seneaux, *Professeur d'Accouchemens, à Montpellier.*

J'ai reçu, Monsieur, votre lettre du 5 juin : les plaintes qu'elle renferme, ne sont pas fondées. Ce n'est pas vous qui avez été déplacé, c'est votre Chaire. Un Décret impérial, déterminé par des considérations d'utilité publique, l'a transportée hors de l'École : vous avez dû suivre son sort.

Si vous avez le noble désir d'être utile; si vous ambitionnez cette réputation qu'acquiert un Professeur distingué par des Cours faits avec autant de sagesse et de méthode, que de capacité et de lumières, cette carrière vous est toujours ouverte; le but est toujours devant vous : la sphère, dans laquelle vous avez à exercer vos talens, a été plutôt aggrandie que diminuée.

Qu'avez-vous donc à regretter ? Vous vous étonnez que le même jour ait vu placer le fils et changer la place du père : comment ce fait seul que vous avez remarqué, ne vous a-t-il pas fait sentir que la main qui agissait sur l'un et sur l'autre, n'était conduite, à leur égard, par aucun sentiment d'animosité, et n'était guidée que par un motif d'intérêt public, auquel se mêlait un sentiment de bienveillance particulière ?

Comment, ne cédant qu'à vos préventions, vous affligez-vous d'un mal qui n'existe pas, et n'apercevez-vous pas le bien qu'on a voulu vous faire ?

Vous voulez réchauffer une vieille querelle par de nouvelles publications. Je dois vous prévenir que vous perdrez entièrement, par-là, les droits que vous désirez conserver à la bienveillance du Gouvernement.

J'ai l'honneur de vous saluer.

Signé, CHAMPAGNY.

N.o 15.

Seneaux, Professeur d'Accouchemens, à Montpellier,

A son Excellence Monseigneur de Champagny, *Ministre de l'intérieur, etc., etc.*

Monseigneur,

Comment peut-il se faire que mes plaintes ne soient pas fondées, puisqu'à mon âge de 56 ans, après avoir mené une vie exempte de tout reproche, après 40 ans d'étude et de pratique, 20 ans de Professorat, étant l'un des trois plus anciens Professeurs de l'École de Médecine, après 15 ans de services gratuits dans les Hôpitaux militaires ou civils; comment peut-il se faire, dis-je, que je sois rayé du tableau de cette École, sans qu'on m'ait entendu, soit par moi-même, soit par quelqu'un chargé de me représenter, sans qu'on ait articulé le moindre grief contre moi, sans que j'aie pu savoir, ni officiellement, ni confidentiellement, ce dont on avait à se plaindre ?

On a pu, sans doute, transporter la Chaire hors de l'École dans des vues d'utilité; mais où est la nécessité que je sois séparé du corps des Professeurs, comme si je n'étais plus digne d'en être ? Pourquoi me flétrir dans l'opinion publique ? Pourquoi m'ôter mes titres, si j'ai rempli ma place avec zèle ? Est-ce là la récompense qu'un vieux serviteur de l'État, le soutien d'une famille qui compte 17 militaires couverts de blessures honorables, dont un vient de perdre le bras droit au combat naval de Trafalgar, a droit d'attendre ? Pourquoi m'attacher au pilori ?

Je ne refuse pas, Monseigneur, de remplir la Chaire qu'on me destine à l'Hôpital : j'ai moi-même sollicité, auprès de votre Excellence, l'établissement de la Clinique d'Accouchemens, afin de rendre mon Cours plus complet et plus instructif ; mais pourquoi m'exiler personnellement de l'École ? Les autres Professeurs de Clinique ne remplissent-ils pas leurs fonctions à l'Hôpital et à l'École ? Et celui de Botanique à l'École et au Jardin des Plantes ? *Ce Décret qui m'exclut de l'École, est-il commun aux Professeurs d'Accouchemens des Écoles de Paris, Strasbourg, Turin, etc.* ? Est-ce que MM. *Alphonse Leroi* et *Baudeloque* ne professent plus les Accouchemens à l'École de Paris, et ne sont-ils pas chargés de faire, en même tems, les Cours à l'École et à l'Hospice de la maternité ? Est-ce que les trois parties de mon *pensum* ne sont pas des plus utiles à l'enseignement médical ? Est-ce qu'il y a du mal que je sois dans l'École pour interroger les Étudians qui ont suivi mon Cours et pour juger des connaissances qu'ils y ont acquises ? Pourquoi me priver d'une récompense si flatteuse ? Qu'on examine la collection complète des thèses soutenues à notre École, et qu'on juge si celles qui sont faites, sur les matières que j'ai traitées, ne sont pas les meilleures et les plus nombreuses.

Pour prouver à son Excellence que je suis toujours jaloux de remplir, avec *sagesse, méthode, capacité et lumières*, les devoirs d'un Professeur, je n'ai qu'à lui faire connaître ce que j'écrivis à M. *Chaptal*, à l'époque où il voulait m'exiler de l'École. La lettre est ci-cotée, n.° 1 (1), et y ajouter que mes Cours ont été soigneusement transcrits par MM. les Étudians, à mesure que je professais: on peut consulter leurs cahiers, et l'on verra que je les avais dictés, comme si j'avais déjà reçu les conseils que son Excellence vient de me donner, dans la lettre qu'elle m'a fait la grâce de m'écrire, le 19 juin dernier. Nous sommes, dans ce monde, Monseigneur, les enfans de nos œuvres : si les miennes parlent pour moi, pourquoi me persécute-t-on ? Si elles parlent contre moi, pourquoi ne pas me faire connaître mes fautes ? Pourquoi prononcer, avant de m'avoir communiqué mon acte d'accusation ?

Il paraît, Monseigneur, que la sphère, où je dois m'exercer, n'a pas été aggrandie, ainsi qu'on vous l'a donné à entendre, puisque de trois parties de mon *pensum*, on ne m'en laisse qu'une : il est vrai qu'on y a ajouté la Clinique ou pratique des Accouchemens; mais elle ne paraît pas susceptible d'aggrandir beaucoup la sphère d'un homme qui pratique depuis 35 ans et qui enseigne depuis plus de 20.

Vous me demandez, Monseigneur, ce que je regrette ? 1.° Mon titre de Professeur d'une École célèbre, où je suis l'un des trois plus anciens membres; 2.° je regrette la confraternité de certains Professeurs respectables, qui m'aiment et qui m'accordent une estime que j'ai bien méritée; 3.° les droits que me donnait ma place aux actes et aux examens des Élèves de l'École; 4.° aux examens du Collège de Pharmacie; 5.° de présider les Jurys médicaux des Départemens; 6.° d'être un des membres du Jury Médical de l'Hérault, et d'examiner, par-là, les Officiers de Santé et

(1) C'est celle qui est aux pièces justificatives et probantes, N.° 9.

les Sages-Femmes qui auraient suivi mes Cours; 7.º je regrette surtout la considération publique, attachée à la place dont on vient de me priver; 8.º je regrette aussi le droit de présentation des Professeurs aux places vacantes. Il m'en coûte enfin, Monseigneur, d'être vexé injustement, et de voir que mes ennemis sont parvenus à me flétrir dans l'opinion et à m'ôter votre estime et l'estime publique; car, enfin, le Public ne juge des hommes que par les places qu'ils occupent dans la Société, et par la faveur que leur accorde le Gouvernement: or, il n'est pas possible de persuader à ce Public, même la lettre de votre Excellence à la main, que j'ai conservé la bienveillance du Gouvernement.

J'avoue, Monseigneur, qu'au moment où je me suis vu frapper injustement, j'y ai été d'autant plus sensible, que le coup était parti de la main bienfaisante de votre Excellence. Je l'aurais été moins, s'il m'eût été porté immédiatement par celle de mon ennemi, qui est accoutumé à nuire; mais mon cœur me dit, en même tems, que votre Excellence ne s'était laissée que prévenir, et que je parviendrais à la désabuser si elle daignait m'entendre. En effet, Monseigneur, je prouverai, jusqu'à la démonstration la plus rigoureuse, que M. *Chaptal* dispose de nous à sa volonté; il est tellement vrai qu'il a conservé une grande influence dans vos bureaux, qu'il fit proposer à Madame veuve *Draparnaud*, ma fille, que si elle voulait supprimer la notice, son frère serait placé de suite; que moi-même je ne serais point tracassé, et que les bureaux du Ministère qui étaient contre toute ma famille, lui seraient, dorénavant, entièrement dévoués. Sur le refus, M. *Barbier Neuville*, Chef de Division, renvoya à ma fille, l'histoire naturelle des Molusques, dont elle lui avait fait présent ; *et il n'y a personne, dans tout le midi de la France, qui en apprenant le coup dont je viens d'être frappé, n'ait dit publiquement qu'il partait de la main de M.* Chaptal.

Il est donc vrai, Monseigneur, que M. *Chaptal* règne dans vos bureaux par la ruse et par l'intrigue; mais il est encore plus vrai qu'il règne, dans l'École de Montpellier, en véritable despote. Il a, à sa main, des Professeurs qui lui doivent leurs places, et qui en attendent leur avancement. Il en est peu qui ne se soient adressés à lui pour solliciter celle vacante par la mort du Directeur, et qui, pour obtenir cette nouvelle faveur, ne s'empressent de servir la haine qu'il m'a jurée, et ne l'aident de tous leurs moyens à me perdre dans l'esprit de votre Excellence. Parmi le nombre des Professeurs, il y a quatre parens de M. *Chaptal*; de sorte, Monseigneur, qu'il n'est pas étonnant qu'on soit parvenu à vous persuader que vous me faisiez beaucoup de bien, alors même que vous m'avez fait tout le mal qu'il est en votre pouvoir de me faire. Je suis bien-loin de croire, Monseigneur, que votre Excellence ait eu l'intention de me nuire ; mais je suis bien sûr qu'elle a été séduite, et qu'on n'est parvenu à faire signer ma destitution qu'en lui persuadant qu'elle améliorait mon sort ; qu'elle me donnait une place plus lucrative et plus honorable que celle dont on me dépouillait, tandis, Monseigneur, que la place de Professeur à l'École de Montpellier est la première place, à laquelle un Médecin ou un Chirurgien puisse prétendre. Je ne puis, Monseigneur, vous en donner une idée plus exacte, qu'en vous disant que cette place est pour les Médecins et les Chirurgiens, ce qu'est le grade de Maréchal d'Empire pour les Militaires.

Vous auriez de la peine à croire, Monseigneur, jusqu'où se porte la haine de mon ennemi ; elle ne se borne point à obtenir de votre Excellence la destitution que vous venez de prononcer contre moi : il se flatte encore de me priver, dans peu de tems, de la place que vous avez cru devoir me donner en dédommagement ; car, on annonce déjà que ce n'est qu'une place pour un an, et qu'elle ne m'a été donnée que pour me tirer de l'École. Je sais malheureusement que ces sortes de prédictions, sortant de la bouche des agens de mon ennemi, se sont toujours vérifiées.

Ce n'est pas moi, Monseigneur, qui veux réchauffer une vieille querelle. Les querelles et la vengeance fatiguent l'ame, et la mienne a besoin d'un grand calme. L'offensé pardonne aisément ; mais l'offenseur ne pardonne jamais. D'abord je n'ai jamais eu de querelles avec le destructeur de ma famille. Monseigneur n'ignore pas sans doute que ce monde-ci n'est qu'un combat perpétuel des méchans contre les bons. Celui qui nous poursuit avec tant d'acharnement, *vient d'employer contre moi les mêmes armes, dont il s'est servi pour faire mourir mon gendre.* Si je suis forcé d'écrire pour mon honneur outragé et pour éclairer la religion du Gouvernement et le Public, comme ma fille y a été forcée pour rétablir la mémoire de son époux injustement destitué : soyez convaincu, Monseigneur, que je le ferai avec toute la réserve et tous les égards qui sont dus aux lois de l'État et aux Magistrats suprêmes qui les font exécuter. Rendez-moi la justice de croire que je ne pense pas que la raison soit bannie de toutes les têtes, l'équité de tous les cœurs, au point que ma démarche soit improuvée, que tout le monde cherche à me nuire et que le faible ne trouve point de protecteur contre le fort.

J'ai une trop haute idée, Monseigneur, de votre caractère, pour vous taire que j'ai été autant surpris qu'affligé de la menace qui termine votre lettre, d'ailleurs si obligeante. J'étais loin de m'attendre que vous me feriez un crime du désir que j'ai manifesté de mettre mon innocence dans le plus grand jour, ainsi que la conduite affreuse de mes ennemis. Avouez, Monseigneur, que cette menace fait un contraste bien frappant avec les paroles consolantes que l'Empereur et Roi daigna me faire adresser par mon fils. Sa Majesté voulut bien me faire assurer *que je pouvais être tranquille; que je n'avais plus rien à craindre pour ma place, en ajoutant par deux fois : M.* Chaptal *n'est plus Ministre.*

Différens moyens se présentent pour concilier les nouvelles mesures, prises par le Gouvernement, avec la justice qui m'est due.

Le premier serait de me conserver mon titre de Professeur dans l'École, et de me charger d'y faire les deux parties restantes de mon *pensum* (les Maladies des femmes et l'Éducation physique des enfans) : je remplirais, en même tems, à l'Hospice la même tâche que m'impose le Décret impérial.

Le deuxième moyen serait de me faire passer à la Chaire vacante par la mort du Directeur *René*, *ou à celle du Professeur que votre Excellence portera à la Direction.*

Le troisième, ou simplement de m'accorder le titre de Professeur honoraire de l'École, sans autre traitement que celui que je recevrai comme Professeur d'Accouchemens à l'Hospice.

Les mutations que j'ai eu l'honneur de proposer à votre Excellence, d'après le deuxième article, ont été fréquentes dans notre École; vos prédécesseurs ont fait passer M. *Virenque* de la place de Conservateur, à celle de Professeur-adjoint de Chimie; M. *Vigarous*, de la Chaire d'adjoint de Clinique-externe, d'abord à celle de Professeur-adjoint d'Accouchemens, etc., ensuite à celle d'Anatomie, Physiologie, et enfin à celle d'Hygiène et d'Instituts de Médecine; M. *Mejean* a été Professeur-adjoint d'Accouchemens, etc., et il est actuellement Professeur de Clinique-externe; M. *Lafabrie* a changé trois fois de Chaire : il a occupé successivement celle de Professeur-adjoint de Physiologie et d'Anatomie, de Pathologie externe et de Clinique interne; M. *Berthe* a été successivement Professeur de Médecine opérante, de Botanique et de Matière Médicale. M. *Broussonet* (*Victor*), de celle de Médecine opérante à celle de Clinique interne; et moi-même, j'ai passé de la Chaire de Pathologie externe, à celle de Professeur d'Accouchemens, Maladies des femmes et Éducation physique des enfans, *à la sollicitation de M.* Chaptal.

Vous Voyez, Monseigneur, que sans innover, vous pourriez m'accorder la faveur que je sollicite de votre Excellence, et réparer, par là, tous les maux que mes ennemis se sont efforcés de me procurer et de me rendre plus fâcheux. Que son Excellence daigne me tendre une main protectrice et bienfaisante, et qu'elle soit assurée de mon dévouement et du profond respect, avec lequel

J'ai l'honneur d'être,

Monseigneur, De votre Excellence,

Le très-humble et très-obéissant Serviteur, SENEAUX.

Montpellier, le 8 juillet 1807.

N.o 16.

Paris, le 8 août 1807.

Le Ministre de l'intérieur,

A Monsieur Seneaux, *Professeur d'Accouchemens, à Montpellier.*

Je me suis prêté volontiers, Monsieur, à solliciter pour vous, auprès de S. M., les titres et les prérogatives de Professeur honoraire de l'École de Médecine de Montpellier, comme une récompense de vos anciens services; mais le désir que vous m'avez manifesté à cet égard, trouve un obstacle insurmontable dans la disposition du réglement de cette École, qui défend positivement de remplacer les Professeurs qui jouissent maintenant de ce titre. Si, par la suite, il s'offre quelques moyens de vous dédommager de la suppression de la Chaire que vous occupiez (1), je saisirai avec plaisir l'occasion de montrer que votre éloignement de l'École est l'effet d'une circonstance étrangère à votre considération personnelle, et que vous n'avez cessé d'être honoré de la confiance du Gouvernement.

J'ai l'honneur de vous saluer.

Signé, CHAMPAGNY.

---

(1) Le moyen était tout simple : il fallait me faire passer à l'une des deux Chaires vacantes.

N.o 17.

Le Professeur Seneaux,

A son Excellence Monseigneur de Champagny, Ministre de l'intérieur, etc.

MONSEIGNEUR,

Je me hâte de répondre à la lettre que vous m'avez fait l'honneur de m'écrire le 8 de ce mois, pour vous témoigner combien je suis sensible à la bonté que vous avez eue de vous intéresser pour moi auprès de sa Majesté.

Vos démarches, Monseigneur, auraient eu sans doute plus de succès, si mes ennemis n'étaient encore parvenus à vous persuader que le réglement du 22 fructidor an 11 ne devait être observé scrupuleusement que lorsqu'il s'agirait de me nuire.

Permettez-moi, Monseigneur, de vous observer que lorsque mes ennemis vous ont arraché ma destitution, ils n'ont pas craint d'enfreindre ce même réglement, dont ils invoquent aujourd'hui l'observation.

Fn effet, ce réglement porte, article 1, n.o 2, que les Professeurs honoraires ne seront point remplacés; mais cet article veut aussi qu'il y ait douze Professeur et un Directeur; le Professeur d'Accouchemens, Maladies des femmes, etc. en fait partie: or, en m'exilant de cette École, il n'y reste que onze Professeurs. Cette violation est, je crois, aussi évidente que celle qu'on n'a pas voulu se permettre pour réparer le mal qu'on m'a fait.

Par quelle fatalité se fait-il, Monseigneur, que des différens moyens que j'ai proposés dans mes lettres des 8 et 27 juillet, pour me rendre à une École dont j'étais l'un des trois plus anciens membres; comment se fait-il, dis-je, que l'on n'ait mis sous les yeux de votre Excellence, que celui de ces moyens que le réglement semble permettre de trouver inadmissible?

Si l'analyse de ces lettres vous avait été présentée par une personne impartiale, votre Excellence aurait appris que je lui proposais de plus (1) deux autres moyens victorieux. J'ai eu de plus l'honneur d'informer votre Excellence, le 27 juillet, que la mort de M. *Auguste Broussonet* laissant une Chaire vacante, offrait un nouveau moyen de me faire rentrer dans l'École; car il paraît qu'avant d'introduire de nouveaux sujets (où aucun n'a autant de droits que moi), il faut commencer par me rendre justice.

Votre Excellence daigne me dire *qu'elle saisira avec plaisir l'occasion de me dédommager de la suppression de ma Chaire* : ces offres d'une protection aussi puissante que celle de votre Excellence, me sont un sûr garant que vous voudrez bien mettre sous les yeux de l'Empereur, les trois moyens de me rendre la place qui m'a été si injustement enlevée. Je ne doute pas qu'un de ces moyens ne soit adopté par sa Majesté, surtout, Monseigneur, si vous avez la bonté de lui rappeler la promesse qu'elle a fait à mon fils, Capitaine au dix-huitième Régiment d'infanterie légère, à la plaine

---

(1) Voyez ma lettre du 8 juillet, sur la fin.

des Sablons, le 11 septembre 1806. L'Empereur eut la bonté extrême d'adresser à mon fils ces paroles pleines de bienveillance : » *dites à votre père qu'il peut être* » *tranquille dans sa place...... M.* Chaptal *n'est plus Mi-* » *nistre.* »

Plein de respect pour tout ce qui émane d'un si grand Monarque, j'aime à croire que ce sera entrer dans ses vues que de lui rappeler ses rassurantes paroles, en lui mettant sous les yeux les moyens de me rendre ma place, dont on m'a privé si évidemment contre son intention et pendant son éloignement de la Capitale.

J'ai l'honneur d'être,

Monseigneur,

Votre très-humble et très-obéisssant Serviteur.

SENEAUX, signé.

N.o 18.

Montpellier, *le* 21 *août* 1807.

Le Professeur Seneaux,

A son Excellence Monseigneur de Crétet, *Ministre de l'intérieur*, *etc.*, *etc.*

MONSEIGNEUR,

Un grand acte d'iniquité, conçu par M. *Chaptal* et consommé par ses agens sous le Ministère de Monseigneur de Champagny, vient de m'enlever une Chaire que j'occupais depuis plus de vingt ans dans l'École de Médecine de Montpellier.

La réputation d'homme éclairé et probe qui vous a devancé au Ministère, me fait espérer que j'obtiendrai de votre Excellence la justice que j'ai vainement réclamée jusqu'à ce jour.

Je ne répéterai pas dans cette lettre, pour obtenir ma réintégration, ce que j'ai déjà dit dans celles que j'ai adressées à votre prédécesseur les 24 avril, 5 juin, 8 et 27 juillet et 17 août de cette année. Je me contenterai de vous dire que je crois avoir prouvé dans cette correspondance :

1.° Que la suppression de ma Chaire est non-seulement injuste et nuisible à l'enseignement, mais encore qu'elle a été faite *contre l'esprit et la lettre de la loi du* 19 *ventôse an* 11, *titre* 5, *article* 30, *contre le réglement du* 22 *fructidor an* 11, *art.* 1, *n.°* 2, *et contre l'art.* 1.er, *chap.* 2 *du même réglement*;

2.° Que mon implacable ennemi, M. *Chaptal*, avait formé depuis long-tems le projet de m'exclure de l'École; et que n'ayant osé l'exécuter lui-même, il est parvenu à en arracher l'exécution à Monseigneur de *Champagny*, en trompant la religion de ce Ministre, de la manière la plus impudente et la plus grossière;

3.° Que M. *Chaptal* avait conservé, dans certains bureaux du Ministère de l'intérieur, des liaisons dont il s'est servi pour assouvir sa haine contre moi;

4.° Que tous les rapports me concernant ont été présentés à Monseigneur de *Champagny*, par un homme entièrement dévoué à M. *Chaptal.* Je voudrais bien taire le nom de cet homme; mais il est essentiel que vous sachiez que c'est M. *Barbier-Neuville.*

Si votre Excellence veut bien se faire mettre sous les yeux les lettres que j'ai écrit depuis le 24 avril dernier jusqu'à aujourd'hui à votre prédécesseur, elle verra que je n'avance rien que de vrai, et que j'ai été la victime de la méchanceté de mes ennemis, de la perfidie de leurs agens, et de l'erreur dans laquelle ils sont parvenus à entretenir Monseigneur de *Champagny* sur mon compte.

J'ai cru, Monseigneur, devoir vous faire connaître les auteurs de mon exil de l'École, afin que vous vous teniez en garde contre les moyens fallacieux qu'ils pourraient employer pour me perdre dans votre esprit, comme ils l'ont déjà fait auprès de votre prédécesseur.

Ne soyez pas surpris, Monseigneur, de ce que je crains que M. *Chaptal* ne cherche à vous prévenir contre moi : j'ai déjà tant de preuves de la haine qu'il a jurée à moi et à toute ma famille, que je suis bien excusable des soupçons que je manifeste contre lui. Je ne puis m'empêcher de vous faire connaître une partie des malheurs que ce méchant homme a déjà causés à ma famille. Sa rage contre moi et les miens est telle, que, pour l'assouvir, il ne faudrait rien moins que la destruction entière de tout ce qui m'est cher. Il est déjà parvenu à précipiter dans le tombeau deux de mes enfans, et on a été jusqu'à me dire qu'il se flattait déjà du barbare espoir de m'y précipiter moi-même, en me causant chaque jour quelque nouveau chagrin aussi déchirant que peu mérité.

J'ai l'honneur de vous adresser une notice sur la vie et les causes de la mort de mon gendre M. *Draparnaud* et de son fils, et sur la destitution de mon fils aîné, où vous ne trouverez que trop de preuves du cruel acharnement, avec lequel M. *Chaptal* me poursuit depuis son élévation au Ministère, et qu'il n'a pas cessé de le faire depuis sa retraite.

Cette conduite atroce de M. *Chaptal* à mon égard vous étonnera d'autant plus, Monseigneur, que je fus autrefois parfaitement bien avec lui, que j'en ai reçu des preuves multipliées d'estime et même d'amitié. M. *Chaptal* consulté en l'an 3, lors de l'organisation des Écoles de santé, se trouvant alors à Paris, par les Membres du Comité d'instruction publique, sur le choix à faire parmi les Professeurs des anciennes Écoles de Médecine et de Chirurgie, voulut bien me désigner comme un des Professeurs qu'il serait utile à l'enseignement de conserver. Ce suffrage était pour moi d'autant plus flatteur, que je ne l'avais nullement sollicité.

La Révolution porta dans l'École M. *Chaptal*, qui, tout le tems que nous y fûmes ensemble, ne cessa de me témoigner les sentimens qu'un homme honnête et éclairé ne peut refuser à un collègue qui remplit avec zèle les devoirs de sa place. Parvenu au Ministère, il me donna de nouvelles marques de bienveillance, en plaçant dans notre École, et mon fils, et mon gendre; de sorte que je comptais avoir en M. *Chaptal* un ami aussi sincère, qu'un puissant protecteur.

Que j'étais alors loin de prévoir la funeste révolution qui allait s'opérer dans la tête et dans le cœur de M. *Chaptal!*..... Que l'homme, de qui j'avais reçu tant de marques d'estime, tant de preuves d'attachement, à qui j'étais redevable, en quelque sorte, de ma Chaire, par la manière dont il avait fait valoir mes droits au Comité d'instruction publique, allait devenir mon plus cruel ennemi, l'artisan de ma destruction, et employer toutes les ressources de son génie, de son crédit et de sa puissance, pour me faire autant de mal, qu'il s'était plu autrefois à me faire du bien!

Quoique M. *Chaptal* eût manifesté l'ardent désir qu'il avait de m'exiler de l'École, j'avoue que je ne croyais pas qu'il vînt à bout de son dessein, surtout depuis qu'un de mes fils, Capitaine au dix-huitième Régiment d'infanterie légère, avait présenté une requête à Sa Majesté l'Empereur, pour me mettre sous sa protection; et que Sa Majesté avait daigné répondre à mon fils : *que je n'avais rien à craindre pour ma place, d'être tranquille*, en ajoutant par deux fois..... *M. Chaptal n'est plus Ministre.* Cependant mon ennemi, M. *Chaptal*, a su profiter de l'absence de Sa Majesté l'Empereur, pour en obtenir le Décret qui m'exile de l'École.

Dès que ce Décret m'a été communiqué, j'ai écrit différentes lettres à Monseigneur de *Champagny*, pour le tirer de l'erreur où M. *Chaptal* et consorts l'avaient induit sur mon compte. Il paraît que mes lettres ont produit une partie de l'effet que j'en attendais, puisque Monseigneur de *Champagny* veut bien m'offrir, dans sa lettre du 8 de ce mois, *de saisir toutes les occasions qui se présenteront pour me dédommager de la perte de ma Chaire*, et veut bien m'assurer *que je n'ai pas cessé d'être honoré de la confiance du Gouvernement.*

Je me crois pourtant autorisé à penser que Monseigneur de *Champagny n'a pas eu une connaissance entière de mes lettres; qu'on ne lui en a présenté qu'une analyse très-imparfaite*, attendu que son Excellence n'a répondu qu'aux articles les moins importans; et que si on en avait fait un rapport exact, son Excellence Monseigneur de *Champagny* aurait eu connaissance des moyens que je vais mettre sous vos yeux.

Ces moyens, Monseigneur, pourront vous mettre à

même de réparer l'injustice qu'on a commise à mon égard en m'expulsant de l'École.

Le 1.er }
Le 2.d } Voyez à la fin de la lettre du 8 juillet 1807.
Le 3.e }

De ces trois moyens, le plus convenable, ce me semble, serait, Monseigneur, de solliciter le rapport du Décret impérial du 20 mars dernier, qui supprime la Chaire d'Accouchemens que j'occupais à l'École, pour la porter dans l'Hospice St.-Éloi. Cette demande pourrait être motivée sur ce que ce Décret viole la loi du 19 ventôse an 11, tit. 5, art. 30, qui dit : « *outre l'instruction donnée dans les Écoles de Médecine, il sera établi dans l'Hospice le plus fréquenté de chaque Département, un Cours annuel et gratuit d'Accouchemens, théorique et pratique, destiné particulièrement à l'instruction des Sages-Femmes, etc.* » ; d'où l'on peut bien induire que la loi veut qu'il se fasse dans l'École un Cours d'Accouchemens plus étendu, plus développé, plus scientifique, et particulièrement pour Messieurs les Étudians, lesquels étant destinés à devenir Docteurs et à diriger dans les Départemens *les Officiers de santé et les Sages-Femmes*, doivent nécessairement recevoir une instruction plus complette que ces derniers.

De sorte, Monseigneur, que si le Législateur avait négligé d'établir une Chaire d'Accouchemens dans les Écoles de Médecine, il faudrait qu'il se hâtât d'y placer celle qui serait hors de son sein.

L'utilité de cette Chaire dans l'École est si manifeste, qu'il faut que M. *Chaptal* ait employé des moyens bien violens et bien inconcevables (1), pour en obtenir le dé-

(1) Ceux que propose le Bazile de *Beaumarchais*.

placement, et surtout pour me faire exîler de l'École. J'en reviens toujours à M. *Chaptal*, Monseigneur, parce que je suis moralement convaincu *qu'il est l'auteur, le véritable auteur de la désorganisation de l'École, non-seulement parce qu'il est parvenu à en détacher une Chaire qui y était de la plus grande utilité, et qu'il a agi contre le vœu de la loi; mais parce que je sais que, depuis son avénement au Ministère jusqu'à présent, il n'a cessé de semer dans l'École le trouble et la discorde par des injustices multipliées, que je vais mettre au grand jour, si justice ne m'est rendue.* Si je m'obstine tant à la réclamer, c'est que je le dois à une nombreuse famille, dont je suis le chef et le soutien, parmi laquelle je compte, avec orgueil, dix-sept militaires, (1) deux de mes fils, quinze de mes frères, de mes oncles ou de mes neveux au service de l'Etat, la majeure partie couverts de blessures honorables : l'un d'eux vient de perdre le bras droit, sur les vaisseaux de sa Majesté, au Combat naval de Trafalgar.

Je suis avec un profond respect,

Monseigneur,

Votre très-humble et très-obéissant Serviteur.

SENEAUX, Prof.r

Non, mihi si voces centum sint oraque centum,
Omnia pœnarum percurrere genera possim.

VIRGILE, etc.

---

(1) A ce nombre, il faut en joindre deux : mon gendre M. *Cazaux*, Lieutenant-Colonel et premier Aide-de-Camp du Général de Division *Quesnel*, et un *neveu*, fils de ma sœur.

ERRATA.

Troisième page de la requête, lignes 15 et 16, un père de famille entièrement dévoué, *lisez* le chef d'une famille entièrement dévouée.

Page 6 du mémoire, ligne 2, lequel, *lisez* lesquels.

Pages 14 et 15, note, constitutions des maladies, *lisez* constitutions atmosphériques.

Page 25, ligne 20, n'allait peser, *lisez* pesait.

Page 37, lignes 1 et 2, recommander, *lisez* commander.

Page 48, lignes 14 et 15, dont la, etc. *lisez* que sa, etc.

Page 49, ligne 14, ce qui serait, *lisez* ce qu'il serait.

www.ingramcontent.com/pod-product-compliance
Ingram Content Group UK Ltd.
Pitfield, Milton Keynes, MK11 3LW, UK
UKHW021100200726
13857UKWH00003B/1031